AUS LIEBE ZUM KOCHEN

„Für die Männer in unserem Leben,
die wir lieben, geliebt haben und immer lieben werden.“

YVONNE NIEWERTH &
CHARLOTTE SCHREIBER

AUS LIEBE ZUM KOCHEN

KÜCHENBESUCHE BEI LEIDENSCHAFTLICHEN FOODIES

— mit 75 Rezepten

CALLWEY

INHALTSVERZEICHNIS

INHALTSVERZEICHNIS

LONDO

VORWORT

Als ich etwa zwölf Jahre alt war, machten mein Vater, drei seiner Freunde und ich uns auf den Weg ins südlichste Italien, um dort das Haus eines gemeinsamen Freundes, ein Weinhändler aus meiner Heimatstadt, herzurichten. Am Tage brannte die Sonne unerbittlich auf diesen rauen Flecken Erde; es gab kein fließendes Wasser, jeden Morgen liefen wir mit unzähligen Eimern zum nächsten Brunnen, mit Vorsicht, denn Skorpione kreuzten unsere Wege. Nachts saßen wir in Decken gehüllt unter einem klaren Sternenhimmel. Die Männer tranken Wein, den der benachbarte Winzer vorbeigebracht hatte, und wir ernährten uns von frisch gebackenem Brot, das wir in Olivenöl tunkten und grob mit Salz bestreuten. Tagsüber unterstand ich „Nonna“, einer kleinen hutzeligen Frau wie aus dem Bilderbuch, mit schwarzer Schürze und rotem Kopftuch. Ich verstand so gut wie gar nichts von dem, was sie sagte, aber wild gestikulierend und immer bereit, mir einen feuchten Kuss auf die Wangen zu drücken, nahm sie mich mit auf ihre kulinarische Reise: Wir pflückten wilden, grünen Spargel, der abends mit etwas Olivenöl in der Pfanne angebraten und mit der frischen Pasta, die sie mit einem alten Messer von Hand schnitt und zum Trocknen über die alten Türrahmen hing, serviert wurde – für immer nun wird das Geräusch von Wind, der durch apulische Olivenhaine fegt und nachts die Fledermäuse aufschreckt, und der Geschmack von gebratenem, grünen Spargel mit dem sonnengegerbten Gesicht der alten Frau verbunden sein und für mich die Zeit einen Augenblick anhalten.
(— Charlotte)

Vor ein paar Jahren, zu einer Zeit, als sich der goldene Herbst gerade schon in trübe Tage verwandelt hatte und nicht nur die Schatten, sondern auch die Abende länger wurden, trafen wir uns mit guten Freunden, um uns bei einem gemeinsamen Essen in gemütlicher Runde den von nun an zu früh eintretenden Abend mit etwas Leben zu füllen. Die spontane Zusammenkunft war ein Erfolg, war sie doch eine willkommene Gelegenheit, nicht nur nicht auf dem Sofa zu versacken, sondern auch das oft unbemerkt ausgleitende Wochenende zu verlängern. Von da an trafen wir uns an unregelmäßigen Sonntagabenden bei reihum wechselnden Gastgebern, um füreinander zu kochen und – nicht selten bei Kerzenschein – in herbstlich-gemütlicher Atmosphäre zusammenzusitzen und miteinander zu essen. Wir erinnern uns an buttrig-duftende Salbeignocchi, würzige Kürbislasagne, eleganten Hasenbraten mit Rotweinsauce, herzhaften Rindereintopf mit Guinness und Blätterteighaube, feine Maronensüppchen und cremig-süße Bread-and-Butter-Puddings. Unser „Herbstessen“ wurde über die Jahre zu einer geliebten Tradition, bei der weniger das Hinwegtrösten über den Verlust der warmen Jahreszeit als vielmehr das Zelebrieren und Willkommenheißen der dunklen Tage im Vordergrund stand. (— Yvonne)

Wir alle können solche Geschichten erzählen: Darüber, wie das Rauschen des Meeres unweigerlich verknüpft ist mit dem Geräusch, wenn der Panzer eines Krebs bricht und wir das erste Mal sein perlweißes Fleisch probieren. Darüber, wie das Klirren zusammentreffender Rotweingläser uns an den letzten Abend mit guten Freunden erinnert. Darüber, wie wir, wenn wir Lakritz riechen, an die Umarmung unserer Großmütter denken. Darüber, wie Butter auf einem noch warmen Brot zerläuft. Oder darüber, wie sich nach einem langen, kalten Tag die Suppe wohlig-warm in unserem Magen ausbreitet. Wir haben so viele Erinnerungen, Gefühle, ja auch Hoffnungen, die wir mit Essen verbinden: mit der Zubereitung, mit der Nahrungsaufnahme, mit der Geselligkeit.

Und für manche werden die Geschichten konkret, denn mitunter führen sie in neue Leben. Leben, in denen sich alles um die Liebe zum Kochen, zum Genießen und zu den Produkten dreht. Geführt von Menschen, die über die Zeit eine Leidenschaft für ein Lebensgefühl entwickelt haben, das mit Feingespür und Neugierde auf das Notwendigste unserer Existenzen blickt: unser Essen.

Also haben wir uns auf den Weg gemacht: in 25 Küchen haben wir uns umgesehen und erzählen lassen, woher die Leidenschaft kommt. Wir haben uns bekochen lassen von Menschen, deren Herz an etwas hängt, was für die meisten Menschen zwar eine Selbstverständlichkeit, aber über deren Bedeutung sich nicht immer jeder im Klaren ist. Für uns wurden Erbsen gepult, Fische geschuppt und der beste Wein geöffnet. Wir wurden in Küchen gebeten, die vorher noch nie besucht werden durften, wir tranken Champagner an langen Tafeln und sangen in großen Runden. Uns wurden Teigschüsseln zum Auslecken gereicht und Care-Pakete für die Heimreise gepackt. Wir ließen uns verführen von Gerüchen und Geschmäckern, die wir nicht kannten, und verzaubern von Köchen, deren Begeisterung uns manchmal den Atem nahm. In 14 Städten ließ man uns in Kochtöpfe schauen: Wir blickten auf die Dächer von Paris, liefen im strömenden Regen über Hamburgs Märkte, kühlten unsere Füße in den Brunnen Mailands, streiften mit Pfingstrosen im Arm durch Londons sonnengeflutete Gassen, erklommen Amsterdams steilste Treppen und verbrachten heimelige Stunden in Stockholm, Düsseldorf und Köln. In München lernten wir, wie einfach zubereitet und umwerfend gut ein Nachtisch aus Gemüse sein kann, im Taunus aßen wir so viel Eis, dass es uns selbst bei der sommerlichsten Hitze fror, in Berlin erlebten wir die unglaublichsten Geschmackskombinationen und seit unserem Besuch in Nürnberg kriegen wir den Geruch von saftigem Schokoladenkuchen nicht mehr aus unseren Nasen. Stets, während wir den Lebensgeschichten und Kochphilosophien lauschten, lag uns ein Seufzer der Behaglichkeit auf unseren Lippen, wohlwissend, dass wir gerade auf Menschen treffen, die mit ihrer Sicht aufs Kochen nicht nur ihre eigene Welt verändern. Dabei haben unsere Porträtierten oft erst über Umwege zu ihrem kulinarischen Lebensmittelpunkt gefunden: Ob gelernter Koch, Chemikerin, Fotograf, Opernsängerin oder Finanzier – sie alle haben etwas zurückgelassen, um sich in neuer Intensität einem Leben voller Genuss zu widmen.

Wir haben ihre Geschichten in diesem Buch aufgeschrieben, umrahmt von Rezepten, die dazu etwas erzählen. Es sind Lieblingsgerichte, „Signature Dishes", umwerfende Neukreationen oder Klassiker mit Twist.

Mehr als einmal hat uns ein Geschmackserlebnis auf der Reise so begeistert, dass wir, noch bevor die Rezepte bei uns eintrafen, versuchten die Gaumenfreuden in unseren eigenen Küchen nachzuempfinden. Und so darf dieses Buch auch verstanden werden: als Inspiration für den Genussliebhaber in jedem von uns, als Vorschlag, Geschmäcker und Gerüche aufzugreifen und zu wagen, damit eigene Geschichten zu erzählen. Denn das, was wir alle teilen, ist die Liebe zum Kochen.

— Charlotte Schreiber & Yvonne Niewerth

kitchen
guerilla

KORAL
Kitchen Guerilla

„Jetzt kommt ein Experiment, das habe ich noch nie gekocht. Am Ende können wir entscheiden, ob wir es mit oder ohne Rhabarber machen."

Koral Elci ist ein sympathischer Chaot, in dessen – aus der Not entstandenen – Altbauküche man sich sofort wohl fühlt. Noch am Morgen unseres Küchenbesuches schmeißt er spontan die geplanten Rezepte um und zieht uns bei Hamburger Schietwetter mit auf den Biomarkt, wo er mit den Händlern über die gerade verfügbaren Kräuter fachsimpelt.

Koral, der aus der Türkei stammt, hat eigentlich Produktdesign studiert, doch „schon während des Studiums habe ich viel gekocht und Leute eingeladen. Bei mir zu Hause war viel los". Während andere auf Festivals waren, hat er sich mit Wein und Käsestudien beschäftigt. Oft mit von der Partie sein Bruder Onur sowie sein Freund Olaf, die die Leidenschaft fürs Kochen und Gastgeben mit ihm teilen.

Irgendwann kam den dreien die Idee, daraus mehr entstehen zu lassen. „Aber ein eigenes Restaurant wollten wir nicht, wir wollten uns nicht festlegen." Die Idee: „Wir kennen so viele Gastronomen. An Abenden, an denen die geschlossen haben, könnten wir deren Locations kapern." So entstand die mobile Kücheneinheit „Kitchen Guerilla". Dabei kapert Kitchen Guerilla nicht nur Restaurants – auch Segelschiffe, leere Wohnungen, Baustellen, Fabriketagen und andere außergewöhnliche Locations von Hamburg bis nach Istanbul sind nicht vor ihnen sicher. Anfangs gab es weder Kapital noch Businessplan: Der steckte einfach im Herzen oder vielmehr im Bauch.

Die Philosophie hinter Kitchen Guerilla? „Die Kombination aus guten Zutaten, guter Zubereitung und guter Tischkultur. Was unser Konzept ausmacht, ist eine hochwertige, kreative, dabei aber simple Küche, ohne Schischi und Schaum. Und natürlich die Gastfreundschaft, Herzlichkeit und eben die Mobilität."

Zu Beginn eines jeden Events steht die Suche nach einer besonderen Location. Als nächstes wird nach außergewöhnlichen und guten Zutaten Ausschau gehalten. Im Gegensatz zum „Supermarkt-Mainstream" sind diese immer saisonal, oft regional und gern direkt vom Erzeuger. Daraus wird dann eine Menüidee gestrickt. Dabei spielen die meist autodidaktischen Köche der Kitchen Guerilla „virtuos mit lokaler Küche, zur Schaffung einer Brücke zwischen Tradition und Moderne."

Etwa eine Woche vorher wird das Event per Newsletter und Facebook angekündigt. Wie zu Hause kommt immer alles in großen Schüsseln auf den Tisch, aus denen man sich bedienen darf und die dann weitergereicht werden. „Wir wollen Menschen aus verschiedenen Berufen, Kulturen und Ländern zusammen an einen Tisch bringen. Unser Ziel ist es, Kochen als den Ursprung jeder Kultur wieder in den Mittelpunkt des gesellschaftlichen Lebens und der Aufmerksamkeit zu bringen."

WIE BEGANN DEINE LIEBE ZUM KOCHEN? Als ich sechs war, hat mein Vater mir beim Tauchen eine Harpune in die Hand gedrückt. Damit habe ich meinen ersten Oktopus geschossen und ihn später selbst zubereitet. Seitdem ist Oktopus mein Leibgericht.

WAS WAR DAS BESTE ESSEN, DAS DU JE HATTEST? Alles, was ich in meiner Kindheit bei meinen Großmüttern und Eltern gegessen habe. Das löst die meisten Erinnerungen in mir aus. Meine Kindheit war geprägt von viel Sonne, Meer, dem Schiff meines Vaters und tollen lokalen Lebensmitteln auf den farbenfrohen Märkten.

WO KOCHST DU AM LIEBSTEN? Ich koche sehr gern mit Feuer, im Sommer liebe ich es zu grillen und draußen zu sein. Im Winter mache ich gern Schmorgerichte im Ofen. Während diese garen, trinke ich gemütlich Wein mit meinen Freunden.

WAS KOCHST DU AM LIEBSTEN? Meeresfrüchte und Mezze. Dabei liebe ich sowohl die Zubereitung als auch den Geschmack.

DEINE LIEBSTE ZUTAT? Ich. Und das mich beim Kochen begleitende Glas Raki.

WAS IST DEIN LIEBSTES KÜCHENWERKZEUG? Mein Gemüseschäler aus der Türkei, der in beide Richtungen schälen kann und meine Ledertasche für Messer, Schleifeisen und Co.

WAS KOCHST DU, WENN ES SCHNELL GEHEN MUSS? Salat mit einem Stück Fisch oder Fleisch.

WAS IST DEIN LIEBLINGSGEWÜRZ? Die allgemein verbreitete Erwartung, man verwende tausend Gewürze bei Rezepten aus „Tausendundeine Nacht" stimmt nicht. Ich mag keine Gewürzmischungen und verwende am liebsten getrocknete oder frische Kräuter, die ich bewusst und gezielt einsetze, um den Geschmack des jeweiligen Lebensmittel hervorzuheben. Ausnahmen: Brühe und Marinaden für Fleisch und Fisch.

WOHER NIMMST DU DIE INSPIRATIONEN FÜR DEINE REZEPTE? Ich habe zwar viele Kochbücher, doch die nutze ich nur zur optischen Anregung. Oft komme ich auf Ideen, indem ich mir auf Märkten und Basaren die Lebensmittel anschaue, wie sie zusammen daliegen. Außerdem tausche ich mich gern mit meinen Freunden aus, von denen viele Köche sind. Oder ich plausche mit älteren Leuten, deren Kochkunst ich schätze.

WAS FASZINIERT DICH AM KOCHEN? Ich liebe die spontane Kreativität und dass man regional und saisonal sehr abwechslungsreich kochen kann. Ich verliebe mich oft in die kleinen Dinge der Natur und mag die einfache handwerkliche Beschäftigung. Und ich liebe das Resultat: Egal, wo auf der Welt – mit Essen kann man Menschen einfach zusammenbringen. In der Türkei haben wir einen Ausdruck, er lautet „Genusszuhälter". Damit meint man Menschen, denen es nicht nur ums Essen, sondern um das Gesamtkonzept, das Gesellschaftliche, geht. So einer bin ich.

OKTOPUSSALAT MIT „FRANKFURTER GRÜN“

Bei allen drei Rezepten handelt es sich um Mezze – eine Art türkische Antipasti – wie es sie auch oft bei Kitchen Guerilla gibt.

Die Rezepte sind sehr persönlich und stark von Korals Erinnerungen geprägt. Da er gern mediterrane und deutsche Küche verbindet, sind auch die Rezepte eine Kombination aus beiden Welten: Korals Kindheit in der Türkei und seinem jetzigen Leben in Deutschland.

Für 4 Personen

Für den Oktopus

1 mittelgroßer Oktopus (ca. 1,5 kg)

2 EL Olivenöl

2 Karotten, grob geschnitten

1 Knolle Knoblauch

2–3 Lorbeerblätter

1–2 Zweige Thymian

1 Handvoll Sellerieblätter

1 Prise grobes Meersalz

8–10 Pfefferkörner

1 Flasche Wein (je nach Belieben: weiß, rosé oder rot, was man zu Hause hat)

Den Oktopus waschen. Bei Bedarf die Eingeweide entfernen.

In einem passenden Topf das Öl erhitzen. Die Karotten und die halbierte Knoblauchknolle dazugeben und kurz anbraten. Die Lorbeerblätter und den Thymian dazugeben. Dann den Oktopus, Sellerieblätter, Salz und Pfefferkörner hinzufügen und kurz weiterbraten. Als Letztes den Wein dazugießen.

Das Ganze aufkochen, dann bei niedriger Hitze fast komplett zugedeckt gar kochen. Testen, ob der Oktopus gar ist. Dafür mit einer Küchengabel in den Oktopus stechen. Wenn sich die Gabel leicht herausziehen lässt, wie aus einer Kartoffel, dann ist der Oktopus durch. Den Oktopus im Topf etwas abkühlen lassen, anschließend aus der Brühe nehmen.

Den Schnabel, die Augen und die etwas größeren Tentakeln, die sich gelöst haben, entfernen. Den Oktopus etwa in 2–3 cm dicke Scheiben schneiden und in einer Schüssel in den Kühlschrank stellen.

Für den Salat

500 g bunte Tomaten

2 reife Avocados

2 mittlere rote Zwiebeln

Salz nach Belieben

1 großes Bund „Frankfurter Grün" (Liebstöckel, Dill, Sauerampfer, Zitronenmelisse, Petersilie, Estragon und – wer mag – Rote-Bete-Blätter, Basilikum und Hirschhornklee)

3–4 EL Olivenöl

Saft von 1 Zitrone oder 2–3 EL Granatapfel-Melasse

Für den Salat Tomaten waschen und trocknen. Die Tomaten würde ich, wie bei meiner Oma üblich, in gröbere Stücke schneiden. Die Avocados schälen und das Fruchtfleisch in Scheiben schneiden. Die Zwiebeln schälen, halbieren und dünn hobeln. Die Zwiebeln dann mit Salz „massieren“, dadurch werden sie etwas weicher und verlieren an Schärfe. Die Kräuter verlesen, waschen und Blättchen abzupfen. Das Gemüse und die Kräuter kann man nach Belieben fein oder grob schneiden.

Gemüse und Kräuter mit dem Oktopus in der Schüssel mischen, mit Olivenöl und Zitronensaft (oder Melasse) würzen. Nach Belieben mit Salz abschmecken. In einem flachen Servierteller anrichten und servieren.

ARTISCHOCKE MIT ORANGE UND RHABARBER

Für 4 Personen

4 Artischocken (Tellerartischocken)
1 Zitrone
2 größere Orangen
2–3 EL Olivenöl
2 mittelgroße Zwiebeln, gewürfelt
1 Prise Salz
2–3 EL Zucker
2–3 Stangen Rhabarber
etwas Dill zum Garnieren

Die Artischocken putzen. Die äußeren Blätter und das Heu in der Mitte entfernen. Die Artischocken mit dem Saft der Zitrone und Wasser bedecken, damit sie nicht braun werden.

Eine Orange schälen und in fingerdicke Scheiben schneiden. Das Öl in einem Topf, in dem die 4 Artischocken nebeneinander passen, erhitzen. Eine Zwiebel darin anbraten. Dann die Artischocken hineinlegen. Die Scheiben auf die Artischockenteller legen. Mit Salz und Zucker bestreuen. Die zweite Orange auspressen und den Saft dazugeben. Wasser dazugießen, bis fingerhoch Flüssigkeit im Topf ist. Alles aufkochen und bei mittlerer Hitze zugedeckt köcheln lassen, bis die Artischocken gar sind.

Die Rhabarberstangen putzen und klein schneiden. Die restliche Zwiebel mit wenig Öl in einem Topf anbraten. Den Rhabarber und Zucker dazugeben und alles zu einem Chutney einköcheln, bis es eine dickflüssige Konsistenz hat.

Die Artischocken herausnehmen und die Orangenscheiben beiseite legen. Die Artischocken mit dem Chutney füllen, die Orangenscheiben darauflegen und mit Dill garniert servieren.

QUELLER MIT WEISSWEIN UND KNOBLAUCH

Für 4 Personen

600 g Queller
(Salzpflanze von der Wattküste)
1 Glas Weißwein oder Wasser
2 EL Olivenöl
2 Knoblauchzehen, fein geraspelt
Saft und abgeriebene Schale von ½ Zitrone

Den Queller bei Bedarf putzen und gründlich waschen. In einem Topf im Wein oder in Wasser bissfest kochen, dann abschrecken. Von härteren Mittelstängeln kleinere zarte Stängel abtrennen. Mit Olivenöl, Knoblauch, etwas Zitronenschale und Zitronensaft marinieren und servieren.

Wein gibt einen säuerlichen und
fruchtigen Geschmack.
Wein würzt, Wein mariniert,
Wein schmeckt.

Rhabarber oder Apfel?
Apfel oder Rhabarber?
– Tschüss Apfel!

Die machen wir rückwärts,
die Artischocke. Die vordere
Seite sieht doof aus.

STEVAN
Nutriculinary

„Guten, ihr Lieben!", sagt Stevan Paul, als er uns beschwingt und gut gelaunt die Vorspeise serviert. Etwas sprachlos greifen wir zu Messer und Gabel – sitzen wir doch im Esszimmer eines der beliebtesten und bekanntesten Foodblogger und Kulinarik-Autoren und werden ganz selbstverständlich von ihm bedient. Es gibt Erbsen und Kopfsalat mit gebratenem Saibling und wir spüren sofort: Stevan Paul versteht nicht nur sein Handwerk ganz ausgezeichnet, er lebt und liebt es auch.

Und das hat er schon immer: „Essen hatte im Hause Paul immer einen hohen Stellenwert." So hat er schon als kleiner Junge auf dem Barhocker sitzend seiner Mutter beim Kochen zugesehen. Da lag es für ihn nahe, eine Kochausbildung zu machen, die er beim mehrfach mit einem Stern ausgezeichneten „Monsieur" Albert Bouley im Restaurant Waldhorn absolvierte. Nach sechs Jahren intensivstem Küchenleben stellte er allerdings fest, dass ihm die Diskrepanz zwischen der eigentlich schöngeistigen Materie Kochen und dem Druck auf Dauer nicht zusagte „Mir behagte der Ton nicht, der in der Küche herrschte. Ich war dafür nicht gemacht." Daraufhin begann er ein Praktikum beim Magazin „Essen und Trinken", das nach zwei Wochen in einer Festanstellung mündete. „Das war – neben der Hochzeit mit meiner Frau – der große Glücksgriff in meinem Leben! Denn die nächsten fünf Jahre hatte ich auf unzähligen Pressereisen die Gelegenheit, die halbe Welt zu sehen und zu schmecken!"

Seit über zehn Jahren arbeitet er nun selbstständig als freier Foodstylist und Rezeptentwickler; er produziert Kochbücher und schreibt über Kulinarik: „Nach den ganzen Reisen war meine eigene Geschichtenschublade voll. Ich habe immer schon gern geschrieben, wollte immer journalistisch arbeiten, vielleicht mal ein Buch schreiben." Der Wunsch, die literarisch-kulinarischen Herzensangelegenheiten zu kombinieren, führte ihn zunächst von Poetry-Slams zur selbstorganisierten Lesebühne und gipfelte im Erscheinen von mittlerweile zwei wunderbaren Erzählbänden mit Kurzgeschichten über das Kochen.

Stevan Pauls Geheimnis? Die Mischung aus seiner unprätentiösen Art, Gewissenhaftigkeit und ansteckender Begeisterung: Während er noch mit Liebe die Erbsen für die Vorspeise palt und uns dabei Anekdoten von seinen Lesereisen erzählt, schwärmt er schon von der Hauptspeise: „Ihr werdet ausflippen, wenn ihr das Knusper-Ei seht!" Er spricht bedächtig und gewählt, so entspannt und leicht, dass man ihm einfach an den Lippen hängen muss.

Erfrischend bodenständig wirkt auch seine Küche, die jeglichen übertriebenen Kochschnickschnack vermissen lässt. Selbst die Rauchmelder sind herrlich unerzogen – scheuchen sie ihn doch mehrfach auf, um sich nur mithilfe eines Besenstiels abstellen zu lassen. Doch eines überrascht uns: In der Küche hängt ein Fernseher. „Ich schaue jeden Abend „Das Perfekte Dinner". Das ist für mich pures Schulfernsehen. Das hilft mir zu erkennen, wie weit Deutschland in Sachen kulinarischer Bildung ist." Die Erkenntnis? „Ball flach halten und viel erklären."

Man merkt: Stevan ist organisiert. Die Küche ist geordnet und auf der Arbeitsfläche liegt ein Notizbuch, in das er immer mal wieder eine kurze Notiz einträgt. „Ich schreibe nur die Mengen auf …" Ob er das Gericht nicht schon genau kenne? „Ja und Nein. Obwohl ich fast jeden Tag frisch koche, kommt niemals dasselbe auf den Tisch." Sehr zum Leidwesen seiner Frau. „Manchmal sagt sie: ‚Bitte, das ist so gut. Merke dir das und bitte mache es noch einmal. Und dann mache ich das auch. Aber beim nächsten Mal fällt mir ein: Wenn man da jetzt noch ein bisschen Anis mitschmoren würde, das wäre der Hammer … Ich kann nicht anders, weil ich ja immer entwickle und ausprobiere."

WAS KOCHST DU, WENN DU MAL KEINE LUST ODER ZEIT HAST? Nichts. Dann gehen wir essen. Ich mag den Blick in die Töpfe der Kollegen und außerdem reden wir viel intensiver, wenn wir zusammen im Restaurant sitzen.

DEIN LIEBLINGSGERICHT?
Wiener Schnitzel mit Kartoffelsalat.

WAS IST DEIN LIEBLINGSGEMÜSE?
Spargel, Erbsen und Tomaten. Und natürlich die Zwiebel, denn mit der Zwiebel fängt alles an. Es gibt kaum einen besseren Geruch als in Butter gebratene Zwiebel.

WOHER NIMMST DU DIE INSPIRATIONEN FÜR DEINE REZEPTE? Aus Kochbüchern. Allerdings blättere ich nur schnell durch und schaue mir die Abbildungen an. Dabei mag ich auch Kochbücher, in denen was zum Lesen drin ist. Die reinen Rezeptsammlungen finde ich nicht mehr so gut. Das ist mir auch als Kochbuchautor wichtig – die Leute an die Hand zu nehmen.

WO KAUFST DU DEINE ZUTATEN?
Die neue Wochenmarkt-Romantik ist nur bedingt alltagstauglich. Den Wochenmarkt zu erreichen ist selbst für mich im Alltag mit guter Organisation verbunden, manchmal stehe ich extra früh auf und gönne mir einen Ausflug zum Isemarkt. Da gibt es die Top-Produkte. Das ganze andere Alltagsgeraffel kaufe ich natürlich wie alle anderen Menschen auch im Supermarkt, achte da aber auf Qualität, Herkunft und Saisonalität. Ausnahme: Brot, Fisch und Fleisch kaufe ich nur im Fachgeschäft.

WAS IST DEINE JÜNGSTE GESCHMACKSÜBERRASCHUNG? Bei der Arbeit zu „Deutschland vegetarisch" bin ich auf etwas gestoßen, das nennt sich Stielmus. Das ist das Stiel- und Blattwerk von einer Rübe und schmeckt leicht säuerlich mit einer kohligen Schärfe hinten raus. Das war das Leckerste, was ich seit Langem gegessen habe. Kurz in Rahm mit Zwiebeln anschwitzen, dicklich einkochen lassen und dann noch ein paar Kartoffeln obendrauf quetschen – sensationell!

WO UND WIE ISST DU AM LIEBSTEN?
Worauf ich immer und jeden Abend achte – auch, wenn es nur eine Kleinigkeit gibt – sind vorgewärmte Teller und Serviergeschirr.

WAS PLANST DU ALS NÄCHSTES? Als Nächstes möchte ich endlich einen Roman schreiben. Nach den vielen Kurzgeschichten fühle ich mich nun bereit für die Langstrecke.

ERBSEN UND KOPFSALAT MIT GEBRATENEM SAIBLING

„Die frischen Erbsen aus der Schote zu palen ist eine meditative Angelegenheit – es dauert. Ich habe nichts gegen TK-Erbsen, aber das ist schon ein Unterschied wie Tag und Nacht. Gerade zur richtigen Jahreszeit ist das frische Produkt zu gut. Die Erbse muss für sich sprechen und das tut sie hier. Auch der Saibling ist ein Fisch, den man hier bekommt: Zuchtware, was super ist, denn das schont die Meere. Und Speck und Erbse sind überhaupt die Bombe zusammen."

Als Vorspeise für 4 – 6 Personen

500 g frische Erbsenschoten
Salz
60 g Kopfsalat
2 Schalotten
50 g Butter
1 EL Zucker
200 ml Gemüsebrühe
Salz
Pfeffer
2 Scheiben luftgetrockneter Speck
3 EL Olivenöl
pro Person 60 – 80 g Saibling- oder Forellenfilet, ohne Haut und Gräten
trockener Weißwein
einige Erbsensprossen

Die Erbsen aus den Schoten palen und in kochendem Salzwasser 5 Minuten kochen. Abgießen und in kaltem Wasser ganz abkühlen lassen, dann in einem Sieb abtropfen lassen. Den Salat putzen, waschen und trocken schleudern.

Die Schalotten schälen und fein würfeln. In einem Topf die Butter erhitzen, bis sie schäumt und die Schalotten darin glasig anschwitzen. Erbsen unterrühren, mit Zucker bestreuen und 2 Minuten garen. Mit Brühe auffüllen und ohne Deckel 3 Minuten köcheln. Mit Salz und Pfeffer würzen.

Die Speckscheiben halbieren oder dritteln und in einer Pfanne im Öl knusprig braten. Auf einen Teller mit Küchenpapier geben und bei 50 °C im heißen Backofen warm halten.

Die Fischfilets in die Pfanne geben und auf einer Seite 3 Minuten braten. Mit Salz würzen, den Fisch drehen und nochmals 1 Minute braten.

Die Erbsen erneut aufkochen, die Kopfsalatblätter unterrühren und zusammenfallen lassen. Mit Salz und einem Spritzer Weißwein würzen.

Das Gemüse mittig in vorgewärmten, tiefen Tellern anrichten. Fisch und Speck darauf geben, dann mit Erbsensprossen garnieren. Sofort servieren.

GEBACKENES EI AUF SPARGEL MIT GRÜNER SAUCE

„Im Mai muss es natürlich frischer deutscher Spargel sein. Dazu dieses Knusper-Ei! Das ist der Hammer! Das ist so gut!"

Als Hauptgang für 4–6 Personen

4–6 Eier (1 Ei pro Person) und 1 Ei zum Panieren
Salz
Weißweinessig
150 g Toastbrot
2 EL Sahne
1 Bund Petersilie
1 Bund Pimpinelle (ersatzweise Kerbel oder gemischte Gartenkräuter)
150 g Sauerrahm
150 g Schmand
Pfeffer
Zucker
je 500 g weißer und grüner Spargel
2 EL Mehl
Öl zum Frittieren
1 Handvoll Gartenkresse zum Garnieren

Die Eier am dickeren Ende anstechen, dann in kochendem Salzwasser mit einem Spritzer Essig 5 Minuten kochen. Das Wasser abgießen. Die Eier kalt abschrecken und vorsichtig pellen, sie sollten noch sehr weich sein. Das Toastbrot in der Küchenmaschine zu feinen Bröseln verarbeiten. Diese in einen tiefen Teller geben. Das Ei zum Panieren in einem tiefen Teller mit der Sahne verquirlen.

Für die grüne Sauce die Petersilie und die Pimpinelle putzen, waschen, trocken schütteln und mit Sauerrahm in der Küchenmaschine zu einer grünen Sauce pürieren. Mit dem Schmand glatt rühren. Die Sauce mit Salz, Pfeffer, 1 Prise Zucker und einem Spritzer Essig abschmecken.

Vom Spargel nach Bedarf holzige Enden abschneiden. Die weißen Stangen mit einem Sparschäler schälen, die grünen Stangen nur im unteren Drittel. Die Spargelschalen in einem Topf knapp mit kaltem Salzwasser bedecken und langsam aufkochen. Anschließend die Schalen mit einem Schaumlöffel entfernen. In dem Spargelsud zunächst nur die weißen Spargelstangen 8 Minuten bissfest kochen. Nach 4 Minuten den grünen Spargel dazugeben.

Die gepellten Eier mit Wasser befeuchten und vorsichtig erst im Mehl wälzen, dann in der Eiersahne wenden, schließlich mit den Bröseln panieren. Erneut in der Eiersahne wenden und nochmals in den Bröseln wälzen.

Öl in einem hohen Topf oder einer Fritteuse erhitzen (ca. 175 °C). Einen Holzkochlöffel in das heiße Öl tauchen. Steigen am Stiel kleine Bläschen auf, ist die optimale Temperatur erreicht. Je zwei Eier auf einer Schaumkelle ins Öl geben und in 2–3 Minuten goldbraun ausbacken, dabei einmal wenden. Herausheben und auf Küchenpapier abtropfen lassen. Mit Salz würzen.

Die grüne Sauce kreisrund in die Mitte der leicht vorgewärmten Teller streichen. Den Spargel abtropfen lassen und auf der Sauce anrichten. Je ein gebackenes Ei darauflegen, mit Gartenkresse garnieren und sofort servieren.

BUTTERMILCH-JOGHURT-MOUSSE MIT ERDBEEREN UND GERÖSTETEN MANDELN

„Die schönen Erdbeeren lassen wir fast Natur in ihrem eigenen Saft. Die Sauce wird mit Erdbeermarmelade gesüßt, dadurch verdoppelt sich das Erdbeeraroma.

Bei der Buttermilch-Mousse mag ich den feinen säuerlichen klaren Geschmack – sensationell! Für den Knusper kommen noch geröstete Mandeln und der Zitronenthymian drüber. "

Als Dessert für 4–6 Personen

1 Vanilleschote
500 ml Buttermilch
150 g Sahnejoghurt
150 g Zucker
Saft von ½ Zitrone
8 Blatt Gelatine
250 ml Sahne
3 EL Mandelstifte
1 EL Olivenöl
2 Zweige Zitronenthymian
Salz
500 g Erdbeeren
1–2 EL Erdbeermarmelade

Die Vanilleschote längs halbieren, das Mark herauskratzen und mit Buttermilch, Joghurt, 100 g Zucker und Zitronensaft glatt rühren.

Die Gelatine 8 Minuten in kaltem Wasser einweichen. Tropfnass mit 50 ml Sahne in einem Topf erhitzen, bis sich die Gelatine aufgelöst hat. Die Gelatinesahne mit einem Schneebesen rasch unter die Buttermilch-Joghurt-Masse rühren.

Die übrige Sahne mit den Quirlen des Handrührgerätes cremig und steif schlagen, dabei restlichen Zucker einrieseln lassen. Die Sahne unter die Buttermilch-Joghurt-Masse heben. Dessertförmchen kalt auswaschen und das Mousse darauf verteilen. Zugedeckt im Kühlschrank mindestens 5 Stunden, am besten über Nacht, fest werden lassen.

Die Mandelstifte in einer Pfanne im Öl goldbraun rösten. Den Zitronenthymian waschen, trocken schütteln, die Blättchen hacken. Zu den Mandelstiften geben, 30 Sekunden mitrösten. Leicht salzen und beiseite stellen.

Die Erdbeeren putzen und waschen. Etwa ein Drittel davon mit der Erdbeermarmelade fein pürieren. Die Erdbeersauce durch ein Sieb streichen. Übrige Erdbeeren mundgerecht schneiden.

Die Förmchen mit der Mousse aus dem Kühlschrank nehmen und kurz in heißes Wasser tauchen, dann die Mousse auf gekühlte Teller stürzen. Mit Erdbeeren und Erdbeersauce anrichten und mit den Mandeln bestreuen. Nach Belieben mit Zitronenthymianzweigen garniert servieren.

ANNA & TOBIAS
Big Stuff Smoked BBQ

Es war eine Schnapsidee – im wörtlichen Sinn –, mit der alles begann. In New York sind die beiden Freunde Anna Lai und Tobias Bürger zum ersten Mal mit der BBQ-Kultur in Kontakt gekommen und haben beschlossen, diese ursprünglich von deutschen und tschechischen Einwanderern eingeführte Kochtechnik „wieder nach Hause zu bringen". Dabei wussten sie erst nicht, ob sie ein Restaurant oder eine Produktionsstätte betreiben, Geschäfte beliefern oder auf Märkte gehen wollten. „Wir wollten einfach einen Smoker und unser Geschäft drumherum aufbauen."

Also hängte das Duo aus einer Sardin und einem Deutschen ihre bisherigen Karrieren als Journalistin und gelernter Schneider an den Nagel, schlug sich tapfer durch die deutsche Bürokratie und holte einen echten BBQ-Smoker aus Tennessee nach Deutschland. Während der Ofen bei Freunden in einer Oldtimergarage zwischengelagert war, gingen die Zwei auf die Suche nach einem geeigneten Ort. „Tatsächlich hat es sich als nahezu unmöglich erwiesen, Räume zu finden, die alle technischen Erfordernisse erfüllten. Bis wir schließlich die drei Jungs von der Markthalle Neun trafen. Für die stand nach einer halben Stunde Kennenlernen fest: ‚Euch brauchen wir, kommt bitte in unsere Markthalle!'"

Und endlich konnte auch die Küche entstehen! „Wir investieren alles in die Verarbeitung und Qualität unserer Produkte. Der Rest soll möglichst einfach und kostengünstig sein. Wir möchten zwar eine nette Atmosphäre, aber keinen durchgestylten Laden." Aus den vorwiegend recycelten und deshalb preisgünstigen Materialien entstand so eine offene Küche, die trotz ihrer nur 20 Quadratmeter auf dem Ausstattungsstand einer Vollküche ist. „Und der Ofen ist einmalig in Berlin, ja in ganz Europa", verkündet Tobias stolz.

In Deutschland war das BBQ lange Zeit vergessen. BBQ hat weniger mit dem Begriff Grillen zu tun, sondern mit Heißräuchern und ist in den USA sehr beliebt. Dabei wird Fleisch bis zu 15 Stunden lang bei Temperaturen zwischen 80 und 130 °C über unterschiedlichsten Holzsorten schonend geräuchert und gelangt so zu einem einzigartigen Geschmack, einer ganz besonderen Saftigkeit und einer Zartheit, dass man es mit den Fingern zerzupfen („pullen") kann.

Ein weiterer positiver Effekt des Heißräucherns ist, dass man auch für die Gastronomie „uninteressantere" Stücke verarbeiten kann. „Wir nutzen also letztendlich diese wunderbar gewachsenen Tiere mit höchster Fleischqualität bestmöglich aus. So können wir auch denjenigen Kunden gesundes und qualitativ hochwertiges Fleisch anbieten, die sich den Luxus anderer Fleischstücke sonst nicht leisten könnten. Wir kämpfen darum, dass der Preis niedrig bleibt. Dadurch kommen sowohl Kunden mit Michelin-Sternen als auch die ‚Orange Guys' von der Müllabfuhr."

Über Nacht wird das nach Verfügbarkeit und Saison variierende Fleisch stundenlang geräuchert, bis es so zart ist, dass es fast auseinanderfällt. Dann wird es auseinandergezupft, zu grandiosen Sandwiches weiterverarbeitet oder einzeln mit Sauerkraut, Gurken und BBQ-Sauce auf einem Alutablett angerichtet und so Stück für Stück verkauft. Daher heißt es schnell sein für die Berliner Feinschmecker, denn „wenn's leer ist, ist's leer".

Da man sich auf die Qualität des Fleisches konzentriert, wird bei den Beilagen mit ausgewählten Zulieferern kollaboriert. So kommen die Saucen von der Berliner Ein-Mann-Saucen-Manufaktur Eckart, die Gurken stammen aus der Pfalz und werden am Stand knackfrisch eingelegt, Fleisch und Gemüse kommen größtenteils von Höfen aus der Umgebung und selbst die Schmalzbrötchen werden nach altem schottischen Rezept exklusiv für Big Stuff Smoked BBQ gebacken. „Als der Bäcker einmal krank war, haben wir eine Zeit lang keine Sandwiches angeboten. Die Kunden fanden unsere Konsequenz super."

Es hat viele Versuche gebraucht, die richtigen Techniken, Temperaturen und Holzsorten herauszuarbeiten. Nach wie vor experimentieren die beiden unter anderem mit neuen Marinaden oder dem Räuchern anderer Lebensmittel, wie beispielsweise dem geräucherten Zucker, den sie für Freunde und Cocktailbars herstellen.

WAS IST EUER LIELINGSGERICHT? *Anna*: Innereien, Nieren, Hirn. *Tobias:* Essen, was Spaß macht. Nicht zu ernst, nicht zu sehr mischen, purer Geschmack! Ich liebe es, über den Markt zu laufen und absolut hochwertige Zutaten zu kaufen, sei es Rohmilchbutter, geräucherter Fisch oder Brot. Man muss nicht immer den Kochlöffel schwingen, um ein volles Abendbrot auf den Tisch zu bringen.

WAS WAR EURE LETZTE GESCHMACKSÜBERRASCHUNG? *Anna*: Salzige Zwiebeleiscrème. *Tobias:* Ein Doppelshot aus Tequila und Tomatengazpacho.

EURE LIEBSTE GESCHMACKSKOMBINATION? *Anna*: Ei mit – egal was. *Tobias:* Eine fantastische Kombination ist Bottarga (getrockneter Fischrogen) mit Fenchel. Fenchel und Fisch passen sehr gut zusammen. Und natürlich Pulled Pork plus Bourbon – ein „Match made in heaven"!

HABT IHR EINEN KULINARISCHEN TRAUM? *Anna:* Mein eigenes Sterne-BBQ-Restaurant. *Tobias:* Mein kurzfristiges Ziel ist es, das eigene, sehr gute Produkt weiter auszuarbeiten.

EUER LIEBSTES KÜCHENWERKZEUG? *Beide:* Der Smoker!

EUER LIEBLINGSGEWÜRZ? *Tobias:* Fenchelsamen und schwarzer Pfeffer. *Anna:* Wacholderbeeren und schwarzer Pfeffer

WIE UND WO ESST IHR AM LIEBSTEN? *Beide:* In ruhiger und harmonischer Umgebung, guter Gesellschaft, in der man Zeit für das Essen hat – egal, ob es ein sehr guter Schinken in 15 Minuten oder ein Fünf-Gänge-Menü in 5 Stunden ist.

Zurzeit verwenden wir viel Kirschholz. Das hat ein süßliches, weiches und nussiges Aroma und eignet sich super für Schwein. Eiche dagegen ist wesentlich stärker und schärfer im Räucheraroma.

Unser BBQ ist ein sehr demokratisches Essen – wir investieren nicht übermäßig in teures Geschirr oder dekorativen Schnickschnack. So kann jeder vorbeikommen und bei uns gut essen. Diesen Gedanken finden wir toll.

DYI SMOKED PORK

„Bei diesem Rezept handelt es sich um kein Smoked Pulled Pork und es versucht auch nicht, es zu imitieren, daher kommen weder Liquid Smoke noch geräucherte Zutaten wie Smoked Salt oder geräucherte Paprika zum Einsatz. Es ist unsere eigene Variante des Grillklassikers.

Für die optimale Zubereitung sollte das Fleisch in einem geschlossenen Behälter liegen, aber nicht im eigenen, herabtropfenden Fett sieden, sondern nur in der warmen Luft garen. Für diesen Zweck kann man einen Dämpfeinsatz aus einem Schnellkochtopf in einen großen Topf mit passendem Deckel stellen und das Fleisch darauflegen."

Für ca. 12 Personen

Für die Marinade

2 Teile Paprika

1 Teil Salz

1 Teil Zucker

½ Teil frisch gemahlener Pfeffer

½ Teil Knoblauchpulver

½ Teil Selleriesalz

Für das Fleisch

1 ganze Schweineschulter mit Knochen (ca. 3 kg) oder ein ganzer Schweinenacken (ca. 2 kg)

100 ml Apfelcidre

2 EL Olivenöl

ca. 3 cl Whiskey (Bourbon oder nach Geschmack)

Für die Marinade alle Zutaten vermischen, wobei man mit den Gewürzen auch experimentierfreudig sein kann. Schweineschulter oder -nacken von den harten Fettstücken befreien, trocken tupfen und zunächst mit einer Mischung aus Apfelcidre und Öl einreiben. Im Anschluss mit der Hälfte der Marinadenmischung einreiben. Dadurch haften die Gewürze sehr gut an, ohne zu flüssig zu sein und abzutropfen. Das Fleisch ca. 1 Stunde abgedeckt ziehen lassen, dabei verliert es etwas Flüssigkeit.

Den Ofen auf 200 °C vorheizen.

Das Fleisch mit dem Rest der Marinade einreiben und offen auf einem Gitterrost 30 Minuten in den Ofen stellen, damit das Fleisch braun wird und sich eine Kruste bildet. Anschließend die Hitze auf 120 °C reduzieren. Das Fleisch herausnehmen und in einen Topf mit Gittereinsatz legen. Auf den Topfboden unter das Fleisch den Whiskey gießen. Den Deckel auflegen und den Topf in den Ofen stellen. Das Fleisch ca. 6–7 Stunden garen. Bei Bedarf nach der Hälfte der Garzeit überprüfen, wieviel Fett abgetropft ist (bei der Schulter wird es mehr sein). Das Fett bei Bedarf entfernen und wieder Whiskey nachgießen.

Wenn die Kerntemperatur des Fleisches 89 °C überschritten hat, herausnehmen, in Alufolie wickeln und noch einmal ca. 30–45 Minuten bei Zimmertemperatur nachziehen lassen (nicht im Ofen!). Dadurch wird es weicher und lässt sich besser „pullen", d. h. zerzupfen.

Das Servieren bleibt dem eigenen Geschmack überlassen: ob als Sandwich oder Fleischhauptgang mit Beilage. Mit Grillhandschuhen oder mit zwei Gabeln das Fleisch in einer großen Schale pullen und servieren. Wir bevorzugen es, die Sauce beim Sandwich zum Schluss daraufzugeben. Auf dem Teller wird die Sauce separat zum Fleisch serviert. So bleibt der Fleischgeschmack so gut wie möglich erhalten und wird nicht verfälscht.

SMOKED PORK SANDWICH

„Will man ein Pulled Pork Sandwich selber machen, richtet man sich am besten nach dem eigenen Geschmack, was die weiteren Zutaten außer dem Pulled Pork betrifft. Hier einige Anregungen aus dem Mutterland des BBQ:

In North Carolina würde man das Pulled Pork auf Corn Bread (Maisbrot) anrichten und eventuell noch Coleslaw (Krautsalat mit Mayonnaise) dazugeben.

In Texas gibt es dazu BBQ Sauce, vielleicht noch Baked Beans (gebackene weiße Bohnen mit Tomatensauce) und Brisket Burnt Ends (gegrillte Rinderbruststücke, eine echte Spezialität).

Wir selbst nehmen Sironis BBQ Buns, die Brötchen, die speziell für uns gebacken werden, Grünes aus dem Garten, Äpfel (eher süße wie Rubinette) und eine scharfe Grillsauce (z. B. von Eckart).

Grillanfänger beginnen erst mit Brot und Fleisch pur und können dann langsam mit Saucen und raffinierteren Varianten experimentieren."

LIMONADE

„Wir benutzen sizilianische Bio-Zitronen. Die geben zwar einiges weniger an Saft, schmecken aber wesentlich intensiver. Und man kann auch guten Gewissens, zusammen mit der Minze, noch eine Scheibe mit ins Glas geben."

Für 1 Person

2 Teile frisch gepresster Zitronensaft

2 Teile kochendes Wasser

1 Teil Zucker (in etwas kochendem Wasser aufgelöst)

2 TL frisch gepressten Ingwersaft pro Liter Zitronensaft

frische Minzeblätter

Zitronensaft, Wasser, Zuckersirup und Ingwersaft verrühren. Für 1 Portion 125 ml der Limonadenmischung in ein Glas geben, mit Eis auffüllen, ca. 250 ml Mineralwasser dazugießen und mit Minze garnieren.

Wir richten gern alle Bestandteile einzeln auf einem Tablett an, damit man Fleisch und Saucen auch einzeln schmecken und genießen kann.

UYEN
Leluu Supperclub

Uyen Luu ist die geborene Gastgeberin, das spürt man sofort. Sie wirbelt durch ihr charmantes Häuschen im angesagten Londoner Stadtteil Hackney, um ihr berüchtigtes vietnamesisches Dinner auf die Beine zu stellen. Dabei wirkt sie ganz entspannt, lacht viel und doch sitzt jeder einzelne Handgriff. Eingeladen sind heute neben uns auch ihre Freunde und befreundete Musiker, die auf ihrer Welttournee gerade in London Halt machen und für uns spielen sollen. Wir freuen uns auf ein außergewöhnliches Supperclub-Erlebnis.

Uyen ist studierte Filmemacherin, besaß über Jahre Modeboutiquen in London und kochte – lange bevor die Supperclub-Welle London startete – für ihre Freunde und Freundesfreunde. Diese Abende waren irgendwann so gefragt, dass sie beginnen musste, sich die Zutaten bezahlen zu lassen. Von da an war es nur noch ein kleiner Schritt zum richtigen Supperclub.

Heute ist ihr Supperclub – der schon als „die Königin der Supperclubs" betitelt wurde – eine regelrechte Institution. Jeden Freitag räumt sie dafür extra ihr Wohnzimmer im Erdgeschoss und deckt die Tische mit bunt zusammengewürfeltem Geschirr und Blumen, was der Szenerie eine unaufdringliche Heimeligkeit verleiht. Bei so vielen bunten Abenden muss es doch lustige Geschichten zu erzählen geben? „Jeder Supperclub-Abend ist einzigartig und toll", erzählt sie, während im Hintergrund die Auberginen herrlich duftend in der Pfanne brutzeln. „Einmal hatte ich einen Countrysänger aus den USA zu Gast. Am Ende des Abends hatte er sich mit allen Gästen unterhalten und einen Song geschrieben, in dem jeder einzelne vorkam. Wir hatten auch einige unvergessliche Singlenights. Ich glaube, dass sich an einem Abend sogar mal fünf Paare gefunden haben!"

Auch ihre vietnamesischen Kochkurse – die zur Zeit einzigen in London – hält sie in ihrer eigenen gemütlichen Küche. „Es ist gleich eine viel vertrautere Stimmung. Manchmal höre ich von den Leuten aus meinen Kursen zwar nie wieder etwas, manchmal aber werden sie zu meinen besten Freunden." Wie hoch geschätzt ihre Kurse sind, erkennt man auch an ihren Kunden: So war einer ihrer ersten Schüler Bill Granger und auch Jamie Oliver hat sich von ihr die traditionelle Zubereitung von Pho und frischen Sommerrollen beibringen lassen.

Dabei ist sie gar keine gelernte Köchin. „Nachdem ich von zu Hause auszog, lebte ich für drei Monate in New York und ich fing an, meine Mutter und ihr Essen zu vermissen, denn das Einzige, was ich mir leisten konnte, waren Bagels mit Frischkäse. Also habe ich meine Mutter angerufen und mir von ihr – mit einer Hand am Telefon und mit der anderen am Herd – die Geheimnisse der vietnamesischen Kochkunst beibringen lassen."

Uyen behauptet von sich, sie sei ein „Fütterer", es mache sie glücklich, Menschen zu bekochen. Der Grund, weshalb sie das Kochen so liebe? „Du kannst damit Leute so ungemein erfreuen." Wir blicken an diesem Sommerabend, an dem wir gemeinsam mit ihr und ihren Freunden an einer langen Tafel sitzen, genüsslich speisen und der ehrlich handgemachten Musik lauschen, auch nur in erfreute und glückliche Gesichter.

WOHER BEKOMMST DU DEINE REZEPTE? Ich habe zwar viele Kochbücher, aber ich folge nie Rezepten, sondern lasse mich nur von den Bildern inspirieren. Ich kann auch meist durch Schmecken herausfinden, wie etwas zubereitet wird und welche Zutaten enthalten sind.

WAS LIEBST DU AM GASTGEBEN? Ich mag es, etwas über Leute zu erfahren, zum Beispiel wer sie sind, was sie machen.

PRÄFERIERST DU EINE KOCHKULTUR? Ich habe eine zeitlang in Italien gelebt – dadurch liebe ich wohl die italienische Küche. Ich habe auch viel japanisch gekocht, aber dazu bin ich leider nicht präzise genug.

HAST DU EIN LIEBLINGS-KÜCHENWERKZEUG? Ja, Heston Blumenthal hat es mir gegeben. Es ist ein kleiner Mixer, mit dem man Zwiebeln und Knoblauch schnell und einfach schneiden kann. Ach ja: Und meine Spülmaschine!

WAS ISST DU AM LIEBSTEN? Spaghetti al pomodoro und Fish'n'Chips. Aus der vietnamesischen Küche liebe ich Nudelsuppe. Aber ich habe wahrscheinlich aus jeder Küche ein Lieblingsessen.

WAS WAR DAS BESTE ESSEN, DAS DU JE GEGESSEN HAST? Ich erinnere mich daran, in Italien das erste Mal Queller gegessen zu haben. Es war das perfekte Sommeressen.

WAS BRAUCHST DU FÜR EIN PERFEKTES ESSEN? Die richtige Balance zwischen Geschmack und Konsistenz.

WO ISST DU AM LIEBSTEN? Es hängt von dem ab, was ich esse. Ich mag es auch, alleine zu essen. Ein Buch und dazu etwas Japanisches.

ERINNERST DU DICH AN DEINE LETZTE GESCHMACKSÜBERRASCHUNG? Ananas und Kardamom. Ich hatte Eiscreme mit den beiden Geschmäckern – sehr lecker!

WAS IST DEIN LIEBLINGSGEWÜRZ? Ich würde sagen: Pfeffer.

WAS MACHT DICH GLÜCKLICH? Meine Freunde, Liebe, Musik und wirklich guter Wein.

WARUM GLAUBST DU, IST KOCHEN SO POPULÄR GEWORDEN? Ich glaube, dass die Leute festgestellt haben, dass es einen glücklich macht, etwas Gutes zu Essen. Es ändert deine Stimmung und damit ist alles möglich. Wenn du in einem Restaurant schlechtes Essen serviert bekommst, möchtest du es am Liebsten so schnell es geht hinter dich bringen und gehen. Aber wenn du etwas Tolles bekommst, spürst du die Energie, die davon ausgeht.

KNUSPRIGER SCHWEINEBAUCH UND BÁNH HỎI

„Ich mag es, wenn das Essen vorbereitet ist und ich so mehr Zeit mit meinen Freunden verbringen kann. Schließlich sieht man Freunde manchmal über Jahre nicht und dann sollte man nicht die ganze Zeit in der Küche stehen. Deshalb ist dieses Rezept so praktisch, da der Schweinebauch bei Zimmertemperatur serviert wird. "

Für 8 Personen

Für den Schweinebauch

1 kg Schweinebauch

1 EL Backpulver

Für die Marinaden

2 EL Sojasauce

1 ½ TL Salz

1 TL 5-Gewürze-Pulver

1 TL Instant-Schweinebrühe

Saft von 1 Limette

Für die Bánh-Hỏi-Nudeln

Bánh Hỏi (sehr dünne Reisnudeln)

1 EL Pflanzenöl zum Braten

2 Frühlingszwiebeln, fein gehackt

Zum Anrichten

Korianderkraut

Basilikumblätter

Minze

Für den Dipp

5 EL Fischsauce

2 Bird's Eye Chilischoten, fein gehackt

2 Knoblauchzehen, fein gehackt

2 EL Apfelessig

3 EL Zucker

Für den Schweinebauch soviel Wasser in einen Topf füllen, dass er später bedeckt ist. Das Wasser ohne Fleisch aufkochen. Backpulver unterrühren und den Schweinebauch etwa 5 Minuten pochieren. Abgießen und die Schwarte mit einem Messer abschaben, um Schaumreste zu entfernen. Den Schweinebauch auf ein Küchenbrett legen und mit Küchenpapier trocken tupfen. Die Fleischseite mit einem Messer gleichmäßig einstechen und auch diese Seite trocken tupfen. Für die Marinade Sojasauce, ½ Teelöffel Salz, 5-Gewürze-Pulver und Brühe vermengen und die Fleischseite damit einreiben. Überschüssige Flüssigkeit abtupfen.

Den Schweinebauch wenden und die Hautseite gleichmäßig einstechen. Mit ½ Teelöffel Salz und der Hälfte des Limettensafts einreiben. Wieder trocken tupfen und im Kühlschrank 30 Minuten marinieren, wenn möglich hängend.

Den Ofen auf 200 °C vorheizen. Fleisch aus dem Kühlschrank nehmen, mit dem restlichen Salz und Limettensaft einreiben und immer wieder trocken tupfen. Das Fleisch mit der Fleischseite nach oben in eine ofenfeste Form legen und 30 Minuten im Ofen garen. Wenden und nochmals 1 Stunde bei 220 °C braten, bis eine Kruste entstanden ist.

Fleisch etwas abkühlen lassen, dann in mundgerechte Stücke schneiden.

Für die Bánh Hỏi die Nudeln in eine Schüssel geben, mit kochendem Wasser bedecken und zugedeckt 5–10 Minuten ziehen lassen, bis sie weich sind. In ein Sieb abgießen, mit heißem Wasser abwaschen und im Sieb abkühlen lassen. Später auf einer Servierplatte anrichten.

Öl in eine Pfanne geben und bei mittlerer Hitze erhitzen. Die Frühlingszwiebeln darin unter Rühren 1 Minute anschwitzen. Die Zwiebeln über die Nudeln geben.

Zum Anrichten die Kräuterblättchen von den Stängeln zupfen. Für den Dipp alle Zutaten mit 350 ml Wasser gründlich verrühren, die Kräuter darüber verteilen.

Das knusprige Schweinefleisch lauwarm zu den Bánh-Hỏi-Reisnudeln und dem Kräuterdipp servieren.

SÜSSE SOJA-AUBERGINE MIT CHILI, ROTEN ZWIEBELN UND SCHNITTLAUCH

Für 2 Personen

1 Aubergine

5 EL Sojasauce

3 EL Zucker

1 EL Sriracha-Sauce (scharfe Chilisauce)

1 Bird's Eye Chilischote, in Ringe geschnitten (nach Belieben entkernt)

1 TL getrocknete Chiliflocken

1 EL Apfel- oder Weißweinessig

Pflanzenöl zum Braten

1 kleine Zwiebel oder Fenchelknolle, in Ringe geschnitten

Kräuter zum Garnieren (z. B. Minze oder Korianderkraut, Dill, Thai-Basilikum, Schnittlauch, Schnittknoblauch, Schwarzkümmel)

Die Aubergine waschen, halbieren und längs in 1 cm breite Streifen schneiden. Die Streifen im Dämpfer etwa 5 Minuten dämpfen.

Für die Sauce Sojasauce, Zucker, Siracha-Sauce, Chilischote sowie -flocken und Essig in einer kleinen Schüssel verrühren und beiseite stellen.

Etwas Öl in einer Pfanne erhitzen. Zwiebel- oder Fenchelringe 3–5 Minuten darin leicht braun anbraten. Dann die Auberginenstreifen ebenfalls einige Minuten mitbraten, bis sie Farbe annehmen. Die Sauce dazugießen und 1–2 Minuten mitkochen. Das Auberginengemüse auf Tellern anrichten und nach Belieben mit Kräuterblättchen garniert servieren.

FISCHKÜCHLEIN MIT DILL

Für 4 Personen

400 g weißfleischiges Fischfilet (z. B. Schellfisch, Kabeljau, Kabeljaubacken, Franzosendorsch, Lengfisch oder Lachs), in grobe Stücke geschnitten

1 Thai-Schalotte, grob gehackt

1 Chilischote

2 TL Zucker

1 TL Backpulver

1 Prise Pfeffer

2 TL Pflanzenöl und mehr zum Formen und Braten

3 EL Fischsauce

1 EL Tapiokastärke

30 g Dill

Den Fisch mit den restlichen Zutaten vermengen und in der Küchenmaschine oder im Mixer zu feinem Püree verarbeiten. 30 Minuten oder über Nacht ziehen lassen.

Etwa 3 Esslöffel Öl in eine kleine Schüssel gießen, die Hände einölen und aus der Fischmasse Bällchen oder 4 cm breite Küchlein formen. In einer Pfanne in heißem Öl goldbraun braten.

Alternativ die Küchlein 5 Minuten dämpfen, dann sind sie länger haltbar. Die gedämpften Küchlein können im Kühlschrank oder tiefgefroren aufbewahrt und zu einem späteren Zeitpunkt gebraten werden. Für die Verwendung in Nudelsuppen die Küchlein in Brühe pochieren.

BÁNH CANH

„Die Nudelsuppe ist meine Lieblingssuppe und stammt aus meiner Heimatstadt. Sie wird dort fast jeden Abend serviert und wenn ich dort zu Besuch bin, esse ich sie sehr oft. Auch meine Freunde lieben sie."

Für 6 Personen

400 g gebratene Fischküchlein mit Dill (Rezept siehe oben)

Pflanzen- oder Olivenöl zum Braten

2,5 l Hühner-, Schweine- oder Gemüsefond

2 TL Salz

3 TL Zucker

½ TL grob gemahlener schwarzer Pfeffer

1 TL Brühpulver mit Schweinefleischaroma (nach Belieben) oder 1 Hühnerbrühwürfel

3 EL Fischsauce

1,2 kg frische Udon-Nudeln

Kräuter zum Bestreuen (z. B. grob gehackte Minze, grob gehacktes Koriandergrün und Dill)

10 Thai-Schalotten, grob gehackt

Für die Garnitur

2 Bird's Eye Chilischoten, in feine Ringe geschnitten

1 Limette, in 6 Spalten geschnitten

Die Fischküchlein nach Rezept zubereiten, in ½ cm breite Scheiben schneiden und in Öl goldbraun braten.

Den Fond mit Salz, Zucker, Pfeffer, Brühpulver und Fischsauce nach Belieben würzen und erhitzen, dann sanft köcheln.

In der Zwischenzeit die Udon-Nudeln 2 Minuten in kochendem Wasser weich garen. Abgießen und auf Suppenschalen verteilen. Die Fischküchleinscheiben darauf verteilen, großzügig mit gehackten Kräutern bestreuen und nach Geschmack mit 1 Prise Pfeffer würzen.

In einer Pfanne 2 Esslöffel Öl erhitzen und die Schalotten darin braun und knusprig braten.

Vor dem Servieren den Fond kräftig aufkochen. Die Röstzwiebeln auf den Nudeln in den Suppenschälchen verteilen und den Fond darüber gießen.

Sofort mit Chiliringen und Limettenspalten garniert servieren.

VIETNAMESISCHER HÜHNERSALAT

„In der vietnamesischen Küche geht es um die Balance von Aromen, süß, salzig und sauer. Ich liebe das Dressing. Die Kombination aus Essig, Öl, Fischsauce und Chili bildet für mich die beste Geschmackskombination, die ich mir vorstellen kann. Doch man sollte darauf achten, nur wirklich gute Fischsauce zu verwenden."

Für 2–3 Personen

Für das Hühnerfleisch

3 Hähnchenschenkel (ca. 500 g)

1 Würfel Hühnerbrühe

Für die marinierten Zwiebeln

1 mittelgroße rote Zwiebel, in feine Ringe geschnitten

3 EL Apfelessig

3 EL Zucker

Salz

Pfeffer

Für den Salat

250 g Karotten, in feine Streifen (Juliennes) geschnitten

200 g Daikon-Rettich (asiatischer Rettich), in feine Streifen geschnitten

2 EL Apfelessig

1 EL Zucker

20 g Korianderkraut, grob gehackt, und mehr zum Garnieren

15 g Minze, grob gehackt, und mehr zum Garnieren

15 g vietnamesischer Koriander, grob gehackt

70 g Bananenblüte, gezupft, nach Belieben

Für das Dressing

2 Bird's Eye Chilischoten, entkernt und fein gehackt

1 Knoblauchzehe, fein gehackt

1 ½ EL Zucker

2 EL Apfelessig

2 EL Fischsauce

3 EL gesalzene, geröstete Erdnüsse, zerstoßen, zum Garnieren

Die Hähnchenschenkel in einen Topf legen und mit 1 Liter Wasser aufgießen. Zugedeckt aufkochen. Nach etwa 7 Minuten den Schaum von der Oberfläche abschöpfen, den Suppenwürfel dazugeben und 30 Minuten weitergaren.

Für die marinierten Zwiebeln die roten Zwiebeln mit Apfelessig, Zucker und je 1 Prise Salz und Pfeffer in einer Schüssel vermengen und ziehen lassen, dabei gelegentlich durchrühren.

Für den Salat die Karotten mit dem Rettich in einer Salatschüssel vermengen. Essig und Zucker unterrühren. Die Kräuter in einer separaten Schüssel vermengen.

Für das Dressing Chili, Knoblauch, Zucker, Apfelessig und Fischsauce in einer Schüssel verrühren.

Die garen Hähnchenschenkel aus der Brühe nehmen und 5–10 Minuten ruhen lassen. Das Fleisch von den Knochen lösen und längs der Faser in Streifen zupfen. Die Hähnchenstreifen zur Karotten-Rettich-Mischung geben. Die marinierten Zwiebeln abgießen und ebenfalls hinzufügen. Das Dressing und die gehackten Kräuter darüber verteilen und alles gut vermengen.

Den Salat mit einigen Stängeln Koriandergrün und Minze garnieren und die Erdnussstücke darüber streuen. Mit Krabbenchips (Kröpök) servieren.

Meine Freunde, Liebe,
Musik und wirklich guter Wein
machen mich glücklich.

SHRIMP CHIPS

CRÈME CARAMEL

Als Dessert für 10 Auflaufförmchen oder 1 große Tarteform

Für die Crème

120 g Crème double (Sahne mit 40 % Fett)

200 ml Kondensmilch

250 ml teilentrahmte Milch (1,5 % Fett)

1 ½ TL Vanilleextrakt oder 7 Tropfen Vanillearoma

2 Eigelb

4 Eier

40 g Zucker

Für den Karamell

140 g Zucker

Für die Crème alle Zutaten in einer Schüssel verrühren.

Für den Karamell den Zucker in einem Topf bei mittlerer Hitze erwärmen, bis er zu schmelzen beginnt. Unter Rühren komplett auflösen und bei mittlerer bis hoher Hitze in etwa 5 Minuten karamellisieren lassen. Probieren, ob der Karamell schon fest wird. Dafür mit einem Teelöffel ein paar Tropfen in ein Förmchen geben. Sie sollten sofort hart werden. Ansonsten den Karamell noch weiter kochen.

Den fertigen Karamell in einer dünnen Schicht auf den Boden der Förmchen gießen. Sehr rasch gleichmäßig verteilen, bevor die Masse fest wird. Dann fest werden lassen.

Den Ofen auf 160 °C vorheizen.

Die Förmchen 2 cm hoch mit der Crème füllen. Dann in ein tiefes Backblech mit kochend heißem Wasser (Wasserbad) stellen.

Im Ofen 20–25 Minuten backen. Anschließend auskühlen lassen und mindestens 6 Stunden, besser über Nacht in den Kühlschrank stellen.

Zum Servieren die Crème mit einem feinen Messer von den Seiten der Förmchen oder der Tarteform lösen. Jede Form kopfüber auf einen Teller stellen. Auf die Unterseite klopfen, damit die Crème Caramel sich vom Boden löst und auf den Teller fällt. Der Karamell sollte an den Seiten herabfließen, so, als ob die Crème in einem kaffeefarbigen See schwimmt.

HANNAH
I ♥ Food

„Ich koche so gerne, weil ich so gerne esse!", antwortetet Hannah lachend auf die Frage, was der Ursprung ihrer Leidenschaft sei. Was zunächst pragmatisch klingt, rührt jedoch viel tiefer: „In unserer Familie wurde immer viel gekocht und so ist Essen für mich unweigerlich mit Zufriedenheit und Harmonie verknupft", erzählt sie, während sie die Rosenkohlblätter auseinanderzupft. Dabei lässt sie ihre dreieinhalb Monate alte Tochter Ava nicht aus den Augen, die neben uns auf dem Tresen liegt und fröhlich gluckst. „Schon früh kam ich an einen Punkt, an dem ich merkte, ich kann das auch: Kochen. Ich fand zum Beispiel Kaiserschmarrn – ehrlich gesagt – einfach geil und wollte herausfinden, wie der geht, damit ich den immer essen kann, wenn ich Bock darauf habe! Das hat beim ersten Mal nicht so recht klappen wollen, aber dann habe ich festgestellt, wenn ich es weiter probiere und mir Mühe gebe, kann ich es perfektionieren. Und am Ende habe ich etwas mit meinen Händen geschaffen, das sinnlich erfahrbar ist, und was ich anschauen, essen und teilen kann."

Das war der Moment, von dem an sie immer mehr über das Kochen erfahren wollte und so wurde sie regelrecht süchtig nach Kochbüchern, Kochshows und Kochmagazinen. Um schließlich auch selbst mitmischen zu können, startete sie einen eigenen Kochblog. „Das war für mich die ideale Plattform, um meine beiden Leidenschaften, Gestaltung und Essen, miteinander zu verbinden", erzählt die studierte Grafikdesignerin. Doch bald gingen ihr in der Familie und im Freundeskreis die Gesprächspartner aus und sie entschied sich, ihr Können öffentlich unter Beweis zu stellen, und zwar bei der Amateur-Kochshow „Das Perfekte Dinner". „Da ich nicht wollte, dass mir der Auftritt nach drei Jahren schrecklich peinlich ist, habe ich alles stehen und liegen gelassen und mich eine Woche lang nur darauf konzentriert." Ihre Mühe zahlte sich aus und sie wurde mit der Höchstpunktzahl belohnt. „Natürlich war ich danach hoch motiviert." Und so folgten weitere TV-Formate, in denen sie unter anderem Restaurantgäste und Sterneköche überzeugte, 500 Marinesoldaten auf einer Fregatte bekochte oder ein ganzes Wildschwein zubereitete. All diese Aufgaben ging sie immer mit sportlichem Ehrgeiz an. Am Ende setzte sie sich gegen 120 Konkurrenten durch und durfte sich „Kochchampion 2009" nennen.

Ihr Gewinn: Ein 16-tägiges Praktikum im Sternerestaurant Tantris. „Das war super! Kurz, aber sehr intensiv und höllisch anstrengend. Der Tag begann um halb sieben und endete nach Mitternacht. Da habe ich gesehen: Okay, so ist Küchenarbeit. 16 Kisten Artischocken putzen – echt ein knallharter Job! Danach war mir klar, dass ich bei aller Liebe zum Kochen nicht in der Gastronomie arbeiten möchte."

Auch an ihrer Umgebung merkt man, dass Kochen bei der hübschen Designerin ein zentrales Thema ist. Denn eine beeindruckende Küche – die nicht nur unser Herz höher schlagen lässt – bildet unübersehbar das Zentrum der zu einer Wohnung umgebauten Garage. Wie ein Schrein wird der übergroße Gasherd, an dem Hannah gerade die Feigen karamellisiert, von einem Oberlicht angestrahlt. Steingutschalen, Emailbräter, gusseiserne Pfannen und jede Menge exotischer Zutaten lassen erkennen, dass hier tatsächlich alles gekocht wird, was schmeckt. „Ich hatte nie Angst vor fremden Gerichten. Für mich war getrockneter Tintenfisch genauso normal wie Heringsstipp mit Pellkartoffeln", erzählt die Enkelin einer deutschen und einer asiatischen Oma.

Nachdem sie sich ein Jahr lang vorwiegend den Kochshows und dem Ausbau ihrer Wohnung widmete, verliebte sie sich, heiratete und ging mit ihrem Mann nach New York. Als Teammitglied der „Jewels of New York" hatte sie die Chance, ihre gestalterische und kulinarische Leidenschaft in einem größeren, professionelleren Rahmen zu verknüpfen: Rezeptentwicklungen, Foodstyling für Magazine, kleinere Caterings und vor allem Food-Consulting sind die Schwerpunkte dieses Kreativstudios. „In Deutschland gibt es da noch relativ wenig Modelle – nein, eigentlich ist das gar kein Thema. Da frage ich mich: Warum? Kochen und Essen ist schließlich ein essenzielles Gestaltungselement."

HAST DU EIN LIEBLINGSGERICHT?
Ich finde Essen ist sehr stimmungs- und tagesformabhängig. Es gibt natürlich Sachen, die ich besonders gern mag, wie frisches Brot mit frisch ausgepackter Süßrahmbutter und Salzflocken, weich gekochtes Ei, Schokoladentarte, Bulgogi, Kimchi, Sushi in jeglicher Form, Szegediner Gulasch mit Kartoffelklößen oder Apfelpfannkuchen.

WAS WAREN DIE TYPISCHEN GERICHTE DEINER KINDHEIT? Das Gericht meiner Kindheit war Sushireis mit einem rohen Ei, Sojasauce, Sesamöl und Sesam vermischt. Und Grießsuppe! Grieß in richtig viel Butter braun angebraten und dann mit Rinderfond aufgegossen! *(schwärmt)*

WAS WAR DAS BESTE ESSEN, DAS DU JE HATTEST? Nach dem Praktikum im Tantris hat man mich zu einem Essen dort eingeladen. Es gab ein festes Menü mit Widmung von Hans Haas und ich wusste ganz genau, da wurden die allerbesten Sachen zusammengestellt. Als die neun Gänge nacheinander gebracht wurden, war das wie ein Rausch. Das Menü war so sinnlich, so überlegt und so liebevoll, voller Ideen, Details und Überraschungen – das hat mich einfach verzaubert!

DIE BESTE GESCHMACKSKOMBINATION?
Essig und Zucker, Miso und Orange.

WO UND WIE ISST DU AM LIEBSTEN?
Bei schönem Wetter unter freiem Himmel.

WAS MACHT DICH GLÜCKLICH?
Essen mit Freunden und Familie. Essen zubereiten, Essen einkaufen, über Essen reden. Sich über Essen Gedanken machen und dabei in Kochbüchern schmökern.

ROSENKOHLSALAT MIT ZITRUS-PECORINO-DRESSING

„In New York gibt es gerade diese enorme Raw-Bewegung: Alles wird roh gegessen. Das hat mich zu diesem Rezept inspiriert. Rosenkohl ist nicht gerade bei allen das beliebteste Gemüse, dabei kann er ganz knackig und erfrischend sein. Wenn man die Blätter abpflückt, sieht der Salat schön voluminös aus. Als Rezeptvariante kann man den Rosenkohl aber auch schreddern."

Als Vorspeise für 6 Personen

Für den Salat

350 g Rosenkohl, geputzt

1 Handvoll geröstete Mandeln, grob zerstoßen

Für das Dressing

Saft von 2 Zitronen (60 ml)

Saft und Zesten einer ½ unbehandelten Grapefruit

1 kleine Knoblauchzehe, gerieben

50 ml Olivenöl

100–150 g Pecorino, gerieben und mehr zum Bestreuen

Salz

Vom Rosenkohl die Blätter abzupfen und beiseite stellen. In einer großen Schüssel für das Dressing Zitronensaft, Grapefruitsaft, Zesten, Knoblauch, Olivenöl und Pecorino miteinander verrühren. Mit Salz abschmecken. Die Rosenkohlblätter untermischen und kurz ziehen lassen. Mit Mandeln und etwas Pecorino bestreuen und servieren.

IN ALTBIER GESCHMORTE RINDERRIPPCHEN MIT KARTOFFEL-BIRNEN-STAMPF

„Was hierzulande als Querrippe bekannt ist, ist in New York zur Zeit unheimlich angesagt. Es ist ein besonders fettiges Stück vom Rind und wird dadurch so saftig und schön zart. Ursprünglich waren ‚Short-Rips', wie sie dort heißen, ziemlich günstig zu erwerben, bis die Köche es wieder entdeckten und der Kilopreis sich von heute auf morgen verdreifachte.

Schmorgerichte bieten sich hervorragend für viele Gäste an, da sie sich super vorbereiten lassen. Als Flüssigkeit kann man einfach das nehmen, was gerade da ist: sei es Wasser, Rotwein oder Brühe. Weil ich eine Brücke zwischen New York und Düsseldorf schaffen wollte, gieße ich es mit Altbier auf und binde es mit Mehl ab. Letzteres genießt zwar nicht den besten Ruf, aber es ist eben ‚Comfort-Food'."

Als Hauptgericht für 6 Personen

Für die Rinderrippchen

2 kg Querrippe vom Rind, in 4 cm lange Stücke geschnitten

Salz

frisch gemahlener Pfeffer

3 EL Öl

3 mittelgroße Zwiebeln, grob geschnitten

2 mittelgroße Karotten, grob geschnitten

2 mittelgroße Stangen Sellerie, grob geschnitten

2 EL Mehl

1 TL Tomatenmark

500 ml Altbier

80 ml Ahornsirup

1 Knolle frischer Knoblauch, unten kreuzweise eingeschnitten

2 Lorbeerblätter

Die Rippen großzügig mit Salz und Pfeffer würzen. Öl im Bräter bei mittlerer Hitze erhitzen und das Fleisch darin portionsweise von allen Seiten goldbraun braten. Die Rippen auf einen separaten Teller legen und beiseite stellen.

Die Zwiebeln, die Karotten und den Sellerie im Bräter unter ständigem Rühren ca. 5 Minuten anbraten. Mehl und Tomatenmark dazugeben und rühren, bis sich alles gut verbunden hat. Mit Bier ablöschen. Ahornsirup, Knoblauch, Lorbeer und die Rippchen dazugeben und 1 Liter Wasser aufgießen. Alles zum Kochen bringen und bei niedriger Hitze 30 Minuten zugedeckt köcheln lassen.

Den Ofen auf 180 °C vorheizen. Die Rippchen im Ofen 2 ½ Stunden zu Ende garen. In der Zwischenzeit den Stampf zubereiten.

Für den Sellerie-Birnen-Stampf

3 große mehligkochende Kartoffeln

1 kleine Knolle Sellerie

2 reife Birnen

Salz

200 ml Sahne

100 g Butter

Salz

1 Prise geriebene Muskatnuss

Kartoffeln, Sellerie sowie Birnen schälen und in gleich große Stücke schneiden. Kartoffeln und Sellerie in einen großen Topf mit reichlich Salzwasser geben. Zum Kochen bringen und das Gemüse in ca. 30 Minuten weich kochen. Wasser abgießen und das Gemüse zugedeckt beiseite stellen.

In einem kleinen Topf Birnen, Sahne und Butter erhitzen.

Kartoffeln und Sellerie zu Püree stampfen. Die Birnenmischung dazugeben und grob unterstampfen. Mit Muskatnuss und Salz nach Belieben abschmecken.

ESPRESSO-FEIGEN-CLAFOUTIS

„Ein Koch hat für mich mal eine Feigen-Clafoutis mit Kaffee gemacht: Die fand ich so großartig, dass ich es nie vergessen habe. Ich habe das Rezept allerdings etwas erweitert, indem ich die Feigen vorher in Marsala anschmore. Das macht sie noch reichhaltiger und voller, außerdem harmoniert der Marsala ausgezeichnet mit den Kaffeearomen.

Clafoutis sind ein französischer Klassiker – eine Mischung aus Auflauf, Pfannkuchen und Kuchen – der traditionell mit Kirschen gemacht wird. Schnell und einfach gemacht ist es auch, da man direkt alle Zutaten zusammenschütten und vermengen kann. Ich finde, die Menschen sollten mehr Clafoutis machen!"

Für 1 ofenfeste Form (Ø 28 cm)

Für die Feigen

100 ml Marsalawein oder 2 EL Likör nach Belieben
3 EL Zucker
ausgekratztes Mark von 1 Vanilleschote
500 g mittelgroße Feigen (etwa 12 Stück)

Für den Teig

4 Eier
100 g Zucker
2 TL Espressopulver
250 ml Milch
100 ml Sahne
2 gehäufte EL Mehl
40 g gemahlene Mandeln
1 Prise Salz
Puderzucker zum Bestäuben
Butter für die Form

Den Backofen auf 160 °C vorheizen. (Mit Umluft wird die Clafoutis luftiger.)

Für die Feigen den Marsala oder Likör, Zucker, 2 Esslöffel Wasser, Vanillemark und die ausgekratzte Vanilleschote aufkochen. So lange rühren, bis sich der Zucker gelöst hat. Bei mittlerer Hitze 3–5 Minuten zu einem dickflüssigen Sirup einkochen, dann vom Herd nehmen.

Die Feigen waschen, trocken reiben und längs halbieren. Mit der Schnittfläche nach unten in den Sirup legen und zugedeckt 15 Minuten ziehen lassen. Die Vanilleschote entfernen.

Für den Teig Eier, Zucker, Espressopulver, Milch, Sahne, Mehl und Mandeln verrühren. Damit sich alles gut verbindet, zum Schluss mehrmals kurz mit einem Pürierstab den Teig durchrühren.

Die Feigen mit der Schnittfläche nach oben in die Form legen und mit dem Teig umgießen. Im Backofen 50–60 Minuten goldbraun backen. Mit Puderzucker bestäuben, warm servieren und am besten direkt aus der Form löffeln.

25
66
67
68
71
29
81
78
57
34
58
76

SILVIA & FRANCESCA
Arabeschi di Latte

Es ist das heißeste Wochenende des Jahres, die Luft steht still und die Mailänder Julisonne brennt unerbittlich durch die meterhohe Fensterfront, als wir das Studio von Arabeschi di Latte betreten. Das italienische Designkollektiv um Francesca Sarti und Silvia Allori sitzt ganz informell an langen, weiß gestrichenen Gartentischen und tippt emsig in die Laptops. In den deckenhohen Regalen dahinter erstreckt sich ein wohlgeordnetes Sammelsurium aus Requisiten vergangener Pasta-Workshops, urbaner Picknicks und Mitternachtsdinner. Wir kommen nicht umhin uns zu wünschen, eine Nacht dort eingeschlossen mit den hübschen Serviergeschirren, Dekorationsutensilien und vor allem mit den Büchern über Esskultur zu verbringen und dort stöbern zu können.

Der wohlklingende Name Arabeschi di Latte stammt von ihrem allerersten Projekt, bei dem sie ihre Gäste dazu einluden, sich Vintage-Kleidung von einer Leine zu schnappen und anzuziehen. „Arabesco" bedeutet zu deutsch „verschnörkeltes Ornament" und beschrieb das philosophische Konzept des Projektes. Um den doch etwas abstrakten Begriff zu erden, entstand Arabeschi di Latte, also „Ornamente der Milch". Die poetische Wortschöpfung fand so großen Gefallen, dass sie ihn beibehielten und nun seit mehr als zehn Jahren unter diesem Namen arbeiten.

2003 begann für Francesca eigentlich alles als Freizeitprojekt. Sie spürte einfach die Lust, das Zusammentreffen von Menschen anders zu gestalten. Das hat sich bis heute zu einem Kollektiv weiterentwickelt, das auf eine Vielzahl von Projekten auf der ganzen Welt zurückblickt: Pop-up-Cafés, kreative Beratung für Ausstellungsdesigns und Gestaltung von Lebensmitteln sowie Innenräumen – dabei schwingt immer die Philosophie mit, die soziale Verbindungskraft von Essen als Einstieg für Kommunikation zu nutzen. „Essen kann helfen, Bekanntschaften zu finden oder gar Freundschaften zu knüpfen. Wir finden, dass dies der stärkste Aspekt von Essen ist und die meisten unserer Arbeiten unterstützen genau das."

Ein passendes Objekt zu diesem Gedanken fand das Kollektiv mit der Friendship-Cup, einer Tasse mit mehreren Öffnungen, die man im Norden Italiens traditionell in einer geselligen Runde herumreicht. Davon inspiriert entstand das Forschungsprojekt „Social Kitchen", für das sie weitere mit einem geselligen Ritual verknüpfte Gegenstände aus unterschiedlichsten kulinarischen Traditionen in einen neuen Kontext setzten: ob nun der Fondue-Topf oder die Tajine mit mehreren Fächern – alles Objekte, die die wunderbare Eigenschaft haben, Geselligkeit zu verbreiten.

Ein anderes Projekt war das „Pastificio" – ein Pasta-Workshop, bei dem die Teilnehmer gemeinsam Pasta zubereiteten. „Wir boten einen sozialen Raum, in dem Essen miteinander geteilt wurde und man sich untereinander austauschen konnte. Pasta zu machen und die Freude, etwas mit den eigenen Händen zu schaffen, ist ein guter Weg, um Menschen zusammenzubringen", erklärt uns Francesca, während sie mit einer archaischen, hölzernen Nudelmaschine hantiert und Silvia im Hintergrund mit einem mechanischen Handmixer das Eiweiß aufschlägt.

Die Neuinterpretationen von alten und oft vergessenen Geselligkeitstraditionen oder Zubereitungstechniken spielen in der Arbeit der Italienerinnen eine große Rolle: „Jedes Lebensmittel hat eine Geschichte. Also versuchen wir mit der Wahl unserer Zutaten immer etwas auszusagen. Dabei faszinieren uns vor allem einfache, poetische Bilder, meist alltägliche Geschichten, die in unserer heutigen Zeit verloren gegangen sind. Deshalb haben wir auch das Manna als Zutat für diese Plätzchen ausgewählt", erklärt sie und wirft uns durch ihre große schwarze Designerbrille einen begeisterten Blick zu.

Dabei arbeiten in dem Mailänder Studio keine Köche, sondern ausschließlich Frauen aus dem Kreativbereich – Architektinnen, Innenarchitektinnen, Mode- und Kommunikationsdesignerinnen. Alle mit einer besonderen Passion für Essen und der Überzeugung, dass Essen etwas ist, was einen Ort beleben und ihn mit Menschen und Bedeutung füllen kann. Auch wir lassen uns hier davon überzeugen.

(mit Francesca) WAS IST DEIN LIEBLINGSGERICHT? Spaghetti mit Venusmuscheln.

WAS KOCHST DU AM HÄUFIGSTEN? Ich esse nicht sehr viel Fleisch, daher Pasta und Gemüse.

WAS KOCHST DU, WENN DU KEINE ZEIT HAST? Gnocchi. Ich mag Gnocchi, denn man kann sie in fünf Minuten aus Mehl und Kartoffeln selbst frisch machen und sie schmecken viel besser als die aus dem Supermarkt. Du gibst sie einfach in kochendes Wasser und sie sind nach wenigen Minuten fertig. Es ist einfach gutes Fastfood.

WAS SIND DIE TYPISCHEN GERICHTE DEINER KINDHEIT? Das waren Malfatti, das sind eine Art Gnocchi mit Ricotta und Spinat. Und Gnudi, „nackte Ravioli". Die hat meine Oma immer gekocht. Sie sind heutzutage kaum mehr in Restaurants zu finden, dabei sind sie sehr lecker.

WAS IST DIE BESTE KOMBINATION AN GESCHMÄCKERN? Ricotta mit Kakaopulver und Zucker. Es ist zwar eine einfache Kombination, aber man erhält innerhalb von zwei Minuten ein sehr leckeres Dessert. Man kann auch Kaffeepulver nehmen, wenn man lieber einen bitteren Geschmack mag.

WAS IST DEIN LIEBLINGSGEWÜRZ? Ich liebe Koriander. Ich bin einer der wenigen Italiener, die das mögen. Und Wasabi, das könnte ich löffelweise essen.

HAST DU EINEN KULINARISCHEN TRAUM? Ja, ich würde gerne jeden Winkel von Japan erkunden, herumreisen und verschiedene Gerichte probieren. Die Zubereitung und die Qualität der Lebensmittel offenbaren dort eine ganz besondere Liebe zum Essen.

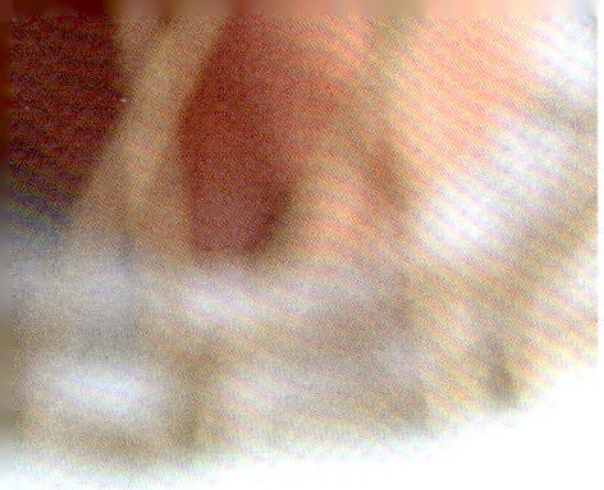

BISCOTTI ALLA MANNA

„Das ‚Manna' stammt von einer bestimmten Sorte der Esche, die nur auf Sizilien wächst. Man bezeichnet es auch als ‚die Tränen der Sterne', da es nachts von der Rinde der Bäume zu Boden tropft und es erst am nächsten Tag aufgesammelt wird. Der getrocknete Saft der Esche wurde schon in der Bibel erwähnt und soll traditionell aus der Zeit der arabischen Invasion stammen und wird umweht von einem Hauch Mystik. Lange Zeit vergessen, wurde es vor ein paar Jahren wieder entdeckt. Manna hat einen ganz besonderen Geschmack, irgendwas zwischen süß und bitter, mit einem leichten Nachgeschmack von Mandel und Honig."

Für 16 Kekse

200 g geschälte Mandeln
50 g Manna (getrockneter Saft der Mannaesche)
140 g Eiweiß (von etwa 3 Eiern)
130 g Zucker

Den Backofen auf 150 °C vorheizen.

Die Mandeln und das Manna klein hacken. Die Eiweiße steif schlagen, bis sich Spitzen bilden. Dann den Zucker mit einem Holzlöffel unterrühren. Anschließend nach und nach die Mandeln unterheben und das Manna einrühren.

Die Masse in einen kleinen schweren Topf (idealerweise einer mit doppeltem Boden) geben. Bei niedriger Hitze unter Rühren erwärmen, bis die Masse etwas Feuchtigkeit verloren hat und kompakter sowie leicht bräunlich wird.

Mit einem Löffel kleine Häufchen von der Masse abstechen und auf ein mit Backpapier ausgelegtes Backblech setzen. Die Biscotti ca. 30 Minuten backen. Dann die Temperatur auf 130 °C reduzieren und die Kekse weitere 15 Minuten backen, bis sie schön gebräunt sind.

MINZMILCH

Für 1 Liter

25 g frische Minzeblätter
(am besten äußere Spitzen der Zweige)

Saft von ½ Zitrone

125 g Zucker

½ gestr. TL Salz

1 l kalte Milch

Die Minzeblätter gründlich putzen, waschen und trocken schleudern.

Die Minze mit dem Zitronensaft, Zucker und Salz in einen Topf geben und mit einem runden Stößel gründlich zerdrücken.

Die Masse für 8–10 Stunden ziehen lassen.

In einem Topf 300 ml Wasser zum Kochen bringen und über die Minzmischung gießen. Weitere 12 Stunden stehen lassen.

Den Sirup durch ein sehr feines Sieb in einen Topf gießen, zum Kochen bringen und einige Minuten köcheln lassen. Anschließend in zuvor mit kochendem Wasser sterilisierte Flaschen füllen, fest verschließen und auf den Kopf stellen. Vollständig auskühlen lassen.

Etwa 5 Esslöffel Sirup – je nach Geschmack auch mehr – in die Milch rühren und gekühlt servieren.

PIERRE
Prinzessinnengarten

An einem trüben Tag Anfang Juni betreten wir durch eine quietschende Zauntür ein wucherndes Paradies: Mitten in Berlin-Kreuzberg, zwischen einem Kreisverkehr und sanierten Plattenbauten aus den 1960er-Jahren, befindet sich eine wunderliche grüne Oase – der Prinzessinnengarten.

Auf der ehemaligen Brachlage am Moritzplatz entstand über die letzten Jahre ein liebevoll gepflegter und genutzter Garten, der dem Beton der Großstadt trotzt: Überall stehen bunte Plastikkisten, mit Erde gefüllt und zu „mobilen Beeten" aufgestellt. Hier wachsen neben mehreren Sorten Tomaten, Kartoffeln und Salaten über 20 Gewürze und allein 16 Sorten Thymian. Aus den bepflanzten Tetrapacks, Blechdosen und Reissäcken wuchert es wild hervor, dazwischen wuseln, wühlen und gärtnern jede Menge Menschen, die gemeinschaftlich am Erhalt dieser kleinen Landwirtschaft mitwirken. Jeder kann und darf hier anpacken. Denn erklärtes Ziel ist „die Umwandlung von Freiflächen in produktives Grün, die Schaffung von Orten, an denen man gemeinsam lernen und Dinge ausprobieren kann."

Im hinteren Teil befindet sich das gastronomische Herz des Gartens. Auf verwitterten Bierbänken und Plastikstühlen unter den mit Lichterketten behangenen Bäumen wird jeden Tag ein preiswertes, vegetarisches Gericht angeboten. Die Zutaten stammen natürlich aus eigenem Anbau. Was der Garten nicht hergibt, wird frisch, biologisch und regional hinzugekauft.

In der Containerküche treffen wir Pierre, den Küchenchef des Urban Gardening Projekts. Der gebürtige Franzose kocht im Gartencafé, in dem er an warmen Sommertagen auch schon mal locker bis zu 200 Gäste bewirtet. Doch bevor es an die Zubereitung des Mittagstischs geht, lassen wir uns gemeinsam durch den Garten führen und erklären, was erntereif ist. Dabei entsteht das heutige Gericht: Risotto mit gebratenem Gemüse, garniert mit essbaren Blüten.

Auch die Tatsache, dass Pierre behauptet, er sei gerade verrückt nach Risotto, wird die Rezeptauswahl beeinflusst haben. Weshalb? „Ich benutze gern Schmand und saure Sahne. Das passt zu Risotto immer besonders gut. In Frankreich haben wir nicht so eine große Auswahl an Milchprodukten, nur Crème fraîche."

Bereits mit 14 Jahren lernte Pierre zu kochen, in der Restaurantküche seiner Großmutter. Eine Ausbildung zum Koch absolvierte er erst viele Jahre später in Paris, nachdem er zunächst Kunst studiert und in verschiedenen Galerien und Stiftungen gearbeitet hatte. Weshalb es ihn wieder in die Küche zog? „Kochen ist so viel lebendiger und macht mehr Freude als Kunst."

In den Sommermonaten macht er sich das Gartencafé des Prinzessinnengartens zu seinem kulinarischen Zuhause, in den anderen Monaten kocht er unter anderem bei Supperclubs und widmet sich seiner zweiten Leidenschaft: dem Import von französischem Bio-Wein.

WAS IST DEIN LIEBLINGSESSEN? Das ändert sich immer. Momentan bin ich verrückt nach Risotto.

WAS WAR DAS BESTE ESSEN, DAS DU BISHER HATTEST? Zunächst einmal ist das beste Essen immer, wenn du wirklich Hunger hast. Das verändert den Geschmack! Und sonst natürlich das, was meine Mutter oder meine Großmutter gekocht haben, zum Beispiel kleine Shrimps. Außerdem mag ich einfach den Geschmack von guten Zutaten.

KOCHST DU FÜR DICH AUCH IMMER VEGETARISCH? Ja, wenn ich abends Fleisch esse, bekomme ich Albträume. Ich mache oft einen Gemüsetopf zu Hause. Ansonsten bin ich ein bisschen verrückt nach asiatischer Küche, vor allem nach Reisgerichten. Dabei koche ich zu Hause meist sehr simpel. Oft sind es auch Versionen der Tagesgerichte aus dem Garten, so teste ich Ideen.

WOHER BEKOMMST DU DEINE INSPIRATION? Regionales, Landschaft, Dinge, die zusammenwachsen. Auch Rezepte sind für mich Inspiration, um ein Gefühl für die Zutaten zu bekommen.

WAS IST DEINE LIEBSTE KOMBINATION VON GESCHMÄCKERN? Brot und Olivenöl. Deshalb gibt's am Abend oft Gartenpizza.

ERINNERST DU DICH AN EINE GESCHMACKLICHE ÜBERRASCHUNG? Ja, es ist drei Tage her, da probierte ich Borretsch, ein Kraut mit gurkenähnlichem, würzigem Geschmack. Die Blüten kann man in feine Streifen schneiden und als Gewürz verwenden. In traditionellen Gerichten wird Borretsch in Quark gerührt und mit gekochten Kartoffeln gegessen.

HAST DU EIN LIEBLINGSGEWÜRZ? Alles, was gerade im Garten wächst. Durch die Vielfalt kann ich Kräuter mit stärkerem oder schwächerem Geschmack hernehmen. Auch Rucola kann man zum Würzen verwenden. Guter Pfeffer und französische Kräuter gehören ebenso zu meinen Favoriten.

WAS IST DEIN LIEBLINGS-KÜCHENWERKZEUG? Mein Messer. Manchmal, wenn ich am Tisch esse, nehme ich nur mein Messer als Besteck. Und ich schäle nur mit meinem eigenen Messer.

GEFÜLLTES FLADENBROT MIT GERÄUCHERTER ROTE BETE

Als Vorspeise für 4 Personen

Für das Brot

200 g Bio-Weizenmehl (Type 550)
1 ½ TL Salz
10 g Trockenhefe
20 ml natives Olivenöl extra

Für das Kirschchutney

3 Frühlingszwiebeln
300 g Kirschen, entsteint
50 g Zucker
50 g Apfelessig

Für die Füllung

Heu zum Räuchern
1 gekochte Rote Bete
Schafskäse aus der Region

Zum Anrichten

Rucolablätter
koreanische Minze
Dahlienblätter

Mehl, Salz, Hefe, Öl und etwa 150 ml Wasser zu einem elastischen Teig verkneten. Den Hefeteig 2 Stunden gehen lassen, dann in 100 g schwere Stücke schneiden und daraus Kugeln formen. Die Kugeln flachdrücken und im heißen Ofen oder in der Pfanne backen.

Für das Kirschchutney die Frühlingszwiebeln putzen und ohne Grün klein schneiden. Zusammen mit den Kirschen, Zucker und Apfelessig in einem Topf zu einem Chutney einköcheln lassen.

Für die Füllung das Heu in einem Topf anzünden. Sobald es anfängt, zu rauchen, ein Küchensieb mit der Roten Bete füllen und darüber hängen. Einen passenden Deckel auflegen und einige Minuten räuchern.

Zum Anrichten das Fladenbrot vierteln und quer aufschneiden. Innen mit Kirschchutney bestreichen, dann mit Roter Bete und Schafskäse füllen. Mit Rucola, Minze und Dahlienblättern garnieren.

RISOTTO MIT GEGRILLTEM GEMÜSE UND BLÜTEN

„Der entscheidende Teil des Risotto ist die Brühe: Man muss sie so zubereiten, dass sie geschmackvoll, interessant und überraschend schmeckt, denn sie ist die Seele des Risotto."

Als Hauptgericht für 4 Personen

Für die Brühe

1 großer Bund Zitronenmelisse

einige Stängel bzw. Zweige Liebstöckel, Bohnenkraut und Petersilie

1 Bund Frühlingszwiebeln, die Hälfte davon in Ringe geschnitten

5 Karotten, in grobe Stücke geschnitten

Für den Risotto

Olivenöl

250–300 g Risottoreis

50 g Butter

130 g dänischer Hartkäse (am besten 6 Monate an der Meeresluft gereiften Nordseekäse), gerieben

Für das Topping

1 Zucchini

Olivenöl

2 Tomaten (am besten die ersten der Saison)

Ricotta (vollfett und cremig)

Salbei- und Ringelblumenblüten

Für die Brühe Zitronenmelisse, Liebstöckel, Bohnenkraut, Petersilie, die ganzen Frühlingszwiebeln und die Karotten in 1 ½ Liter kaltes Wasser legen, dann bis kurz unter den Siedepunkt erhitzen. Bei dieser Temperatur etwa 30 Minuten köcheln.

Für den Risotto etwas Olivenöl in einem Topf erhitzen. Die restlichen Frühlingszwiebelringe und den Reis dazugeben und unter Rühren anschwitzen, bis die Reiskörner glasig sind. Dann schöpfkellenweise die Brühe dazugeben und jeweils einkochen lassen. Kurz bevor der Reis nach 15–17 Minuten al dente gekocht ist, Butter und Käse unterrühren.

Für das Topping die Zucchini vierteln, längs in Stücke schneiden und in etwas Olivenöl anbraten. Die Tomaten halbieren und ungeschält ebenfalls anbraten. Den Risotto in tiefen Tellern anrichten, pro Teller ¼ Zucchini und eine Tomatenhälfte darauf verteilen. Für die Frische jeweils einen kleinen Esslöffel Ricotta daneben setzen. Mit einigen Blüten garnieren.

ERDBEERSALAT MIT ROTWEIN UND MINZE

Als Dessert für 4 Personen

500 ml Sylvain Bock Bascule (Rotwein aus der Carignan-Traube mit würziger Erdbeernote)

50 g Rohrohrzucker

1 Bund Pfefferminze

20 Erdbeeren

Den Wein mit dem Zucker 5 Minuten in einem Topf kochen. Vom Herd nehmen, die Minze hineinlegen, dann die Mischung einige Stunden kühl stellen und ziehen lassen.

Die Flüssigkeit durch ein Sieb abgießen und auf 4 Gläser verteilen. Die Erdbeeren waschen, putzen, vierteln und dazugeben. Für ein säuerlich-frisches Erdbeeraroma das Dessert nach 15 Minuten servieren. Für die mildere, marinierte Variante die Erdbeeren vor dem Servieren einige Stunden ziehen lassen.

Wenn man Blumen verwendet,
sieht es immer nach etwas Besonderem aus.

Die Salbeiblüten geben einen ganz besonderen, süßen Geschmack, ähnlich dem von Kiefernharz. Die Ringelblumen haben ein schönes leuchtendes Gelb.

MPAS & PARR
UNIT B
Unit A

SAM & HARRY
Bompas & Parr

Wie es wohl wäre, alle kulinarischen Träume, die man so im jugendlichen Leichtsinn erdenkt, Wirklichkeit werden zu lassen? Wie es wäre, durch Schokoladenwasserfälle zu laufen, sich im Dunkeln leuchtenden Wackelpudding um die Ohren fliegen zu lassen oder wenn Kaugummi seinen Geschmack beim Kauen änderte? Wie es wäre, wenn die Bar, die man betritt, keine Drinks servierte, sondern ausschließlich mit einem Nebel aus Gin und Tonic gefüllt wäre?

Für Bompas & Parr sind dies keine langweiligen „Was wäre, wenn …"-Hypothesen, sondern schlichtweg Beschreibungen ihrer letzten Arbeiten.

Wir betreten das Studio von Sam Bompas und Harry Parr etwas zögerlich, die Hand immer an den übergroßen Plastiktüten, die wir sicherheitshalber zu unserem eigenen Schutz eingepackt haben; denn immerhin wurde uns der Exkurs von Sam als „extraordinary splashy and wonderful" angekündigt. Und im wahrsten Sinne des Wortes ist es ein Ort voller kleiner Wunder, in den wir in diesem Hinterhof im Süden Londons gelangen: Bis unter die Decke stapeln sich skurrile Hohlformen, diverse Kandelaber und kuriose Etageren. In der einen Ecke steht besagter, wenn auch außer Betrieb genommener Schokoladenwasserfall. Aus der gegenüberliegenden Ecke bewacht ein riesiger Echsenkopf das Wunderkabinett, in dem das geniale Paar aus einem Architekten und einem Geografen Unglaubliches entstehen lässt. Im Raum nebenan befindet sich die nüchterne, wie ein riesiges Labor anmutende Küche, in der es sogar einen Kühlschrank gibt, der laut einem großen Schild „nur für Wackelpudding" reserviert ist.

Denn mit Wackelpudding hat alles begonnen: Sam und Harry, die sich schon aus Schulzeiten kennen, entdeckten durch Zufall ihre Freude an der Nachspeise und behaupteten einfach, sie könnten Wackelpudding in jeder erdenklichen Form produzieren. Und das taten sie schließlich auch: Dank eines 3D-Druckers erhoben sie „Jelly" von einem ziemlich vergessenen Lebensmittel zu einer Attraktion. Legendär sind ihre meisterhaften Installationen in den bizarrsten Farben – von Pechschwarz bis Gold – und in den kuriosesten Formen – von der St. Paul's Cathedral bis hin zu glitzernden Darstellungen des weiblichen Geschlechts – und in den abenteuerlichsten Geschmacksrichtungen.

Wie zum Beispiel „unseren" Veilchen- und Holunderblüten-Wackelpudding, den Sam mit einer jungenhaften Glückseligkeit vorsichtig aus der Form löst. Auch wir verstehen nun die Faszination für „Jelly" und widmen uns für einen kurzen Moment kichernd dem einzigartigen Bewegungsverhalten des glibberigen Bergs aus Gelatine mit Geschmack.

Mittlerweile veranstaltet das Duo die unterschiedlichsten und fantastischsten Spektakel, die sich aber auf ihre Weise immer mit der Wahrnehmung von Speisen auseinandersetzen. Welche Sinne spielen beim Essen selbst, beim Genießen oder beim Zusammensein in einer größeren Gesellschaft eine Rolle? Wie harmonieren diese Sinneseindrücke untereinander und wie kann man sie beeinflussen?

Dass der Aufwand nicht immer genauso groß wie der Effekt sein muss, macht uns Harry deutlich, als er die zwölf für uns gebratenen Wachteln auf einem Silbertablett zu einem Stapel auftürmt: „Man kann acht Stunden in der Küche stehen oder auch nur eine halbe. Das Ergebnis ist nicht unbedingt schlechter."

(mit Sam) WAS WAR DEINE BESTE MAHLZEIT? Ich war einmal eine Woche in den Bergen wandern. Nachdem ich mich praktisch nur aus meinem Rucksack ernährt hatte, kam ich zu Denny's. Ich habe jede Menge frittiertes Zeugs gegessen, hatte drei Tiere auf einem Teller und viel zu viele Kohlenhydrate. Aber Essen ist manchmal relativ, und da mein Hunger und Appetit so groß waren, war das die beste Mahlzeit, die ich je hatte!

WAS IST DIE BESTE GESCHMACKSKOMBINATION? Gin, Campari und Wermut – die drei Flaschen der heiligen Dreifaltigkeit.

WAS GEHÖRT ZU EINEM PERFEKTEN ESSEN? Jemand, der das mag, was man macht und mit dem man drüber sprechen kann. Eine gute Umgebung – das kann ein rustikales Restaurant in den Bergen sein oder eines, in dem jedes Detail vergoldet ist. Und sehr wichtig sind weiße Tischdecken, denn das fühlt sich an den Armen besser an. Dann erst kommt das Essen. Die beste Sitzposition für Gespräche ist übrigens der 90-Grad-Winkel, das ist nah, aber nicht konfrontierend.

WAS KÖNNTEST DU IMMER ESSEN? Fish and Chips.

DEIN LIEBLINGSGEWÜRZ? Muskatnuss. Am liebsten in süßen Sachen. Aber man muss aufpassen, denn Muskatnuss hat eine halluzinogene Wirkung. Ich habe mal zwei Muskatnüsse an einem Tag gegessen und da hatte ich schon einige Trips – und das waren nicht die schönsten.

(Wir fragen erstaunt, wie es zu einem so ausgiebigen Muskatnuss-Konsum gekommen sei. Er antwortet, während er den Kugelschreiber langsam aus seinem Mund gleiten lässt: „Ich stecke gerne Dinge in meinen Mund.")

FAVORISIERTES KÜCHENWERKZEUG? Die meisten unserer Geräte sind eigentlich aus dem Baugewerbe, wie zum Beispiel die enorme Pumpe, die wir für den Schokowasserfall benutzt haben.

WAS WAR DEINE LETZTE GESCHMACKSÜBERRASCHUNG? Wir erkunden gerade die Welt der exotischen und raren Früchte. Das ist immer überraschend. Ich glaube, es gibt 50 000–80 000 Früchte auf der Welt, also leider zuviel, um sie in einem Leben alle probieren zu können.

WAS MACHT DICH GLÜCKLICH? Am Wasser sein. Ja, Wasser und Bücher! Ich gebe all mein Geld für Kochbücher aus.

OFENGERÖSTETE WACHTELN MIT MARMELADE UND TABAK

„Dieses Rezept ist unsere Geheimwaffe – ein eleganter Dolch in essbarer Form. Es klingt kompliziert, ist aber einfach in der Zubereitung und haut einen wirklich um.

Wir kreierten es zunächst für die Barbican Art Gallery in London, als surrealistisches Dinner zur Vernissage zu einer surrealistischen Ausstellung. Die Aromen von Gummi, Wintergrün und Mottenkugeln kamen als Vorspeise und Untermalung des Films ‚Steamboat Bill' auf den Tisch. Nun musste es etwas magenfüllender weitergehen – Zeit für Fleisch. Zum Hauptgang inszenierten wir knusprig gebratene, saftige Wachteln mit dezentem Tabakaroma, zu einer Pyramide aufgetürmt.

Wachtelfleisch ist sehr unempfindlich, sodass sich das Rezept gut vervielfachen lässt. Mit der entsprechenden Ausrüstung bekommt man Hunderte satt und kann die Wachteln ohne Einbußen an Geschmack oder Konsistenz lange warm halten."
(— Auszug aus „Feasting with Bompas & Parr")

Für 4 große Portionen

50 g Zucker und 1 Prise Tabak für den Tabaksirup
Erdnussöl für das Backblech
1 Bund Thymian, grob gehackt
1 Handvoll Rosmarin, grob gehackt
1 TL Meersalz (z. B. Maldon)
1 EL schwarze Pfefferkörner, zerstoßen
340 g Bitterorangenmarmelade (oder Seville Orangenmarmelade)
Saft von 1 Zitrone
Saft von 1 Orange
8 Wachteln

Für den Tabaksirup 1 Teil Zucker und 1 Teil Wasser zu einem Sirup einkochen. Dabei 1 kräftige Prise Tabak mitkochen. Den Sirup durch ein Sieb abgießen und 20 Milliliter abmessen.

Den Ofen auf 220 °C vorheizen. Ein Backblech einölen.

Tabaksirup, Kräuter, Salz, Pfeffer, Marmelade und Zitronen sowie Orangensaft zu einer Marinade verrühren. Die Wachteln mit etwas Marinade einreiben und auf das Backblech legen. Im heißen Ofen etwa 25 Minuten rösten, bis sie gut durchgebraten und knusprig sind. Dabei regelmäßig mit der restlichen Marinade bestreichen.

Die Wachteln zu einer Pyramide auftürmen und servieren. Das Gericht darf mit den Händen gegessen werden. Dabei sind Schälchen mit Wasser zum Fingerwaschen empfehlenswert.

HOCHZEITS-GÖTTERSPEISE MIT VEILCHEN UND HOLUNDER-BLÜTEN

„Die meisten Hochzeitstorten sind pampig und machen keinen Spaß. Es ist völlig unbegreiflich, dass für diese in Buttercreme gehüllten Monstrositäten Unsummen bezahlt werden. Das meiste davon wird nie gegessen, sondern landet auf dem Tanzboden, in Handtaschen oder ernährt Familie und Freunde der Brautleute für einige Tage. Hochzeits-Götterspeisen sind leichter und erfrischender, dazu bekömmlicher nach einem opulenten Hauptgang. Deshalb schlafen die Gäste bei den Reden nicht so schnell ein!

Nach unserer furiosen Götterspeise auf der Hochzeit von Sams Cousine starteten wir einen Hochzeits-Götterspeisen-Service. Es kam zu einer wahren Entfesselung hinsichtlich dessen, was auf Hochzeiten serviert werden darf. Statt Torte sahen wir schon Käseplatten, Cupcakes und sogar Fleischpasteten!" (— Auszug aus „Jelly with Bompas & Parr")

Für 4 Personen (500 ml)

100 ml Gin (z. B. Tanqueray)
75 ml Holunderblütensirup
75 ml Veilchenlikör (z. B. von Bitter Truth)
Saft von ½ Zitrone
5 Blatt Gelatine
100 g Zucker
Lebensmittelfarbe nach Belieben

Gin, Sirup, Likör, Zitronensaft und 250 ml Wasser in einem hohen Becher verrühren. Die Gelatine mit einer Schere in eine ofenfeste Schüssel schneiden. Etwa 100 ml der Flüssigkeit zugießen, sodass sie bedeckt ist und 5 Minuten einweichen lassen.

Einen Topf mit Wasser zum Kochen bringen. Die Schüssel mit der Gelatinemischung hineinstellen. Sobald die Gelatine komplett aufgelöst ist, den Zucker unterrühren und ebenfalls auflösen. Nochmals 100 ml der Flüssigkeit zugießen.

Die Gelatinemischung durch ein Sieb in einen Messbecher abgießen, um Klümpchen zu entfernen. Die restliche Flüssigkeit dazugießen, dabei sollte es 500 ml ergeben.

Nach Belieben mit Lebensmittelfarbe im gewünschten Ton einfärben und die Mischung in eine entsprechend große Form gießen. Im Kühlschrank mindestens 2 Stunden gelieren lassen.

Zum Stürzen die Form in lauwarmes Wasser stellen, damit sich die Götterspeise vom Formrand löst. Anschließend die Götterspeise auf einen Teller gleiten lassen.

GET
Floora bella...
ON
VERRASSINGS
ONTBIJTJES
PICK-NICK
ambachtelijk
buffet...
OVENVERS
BROOD
HOMEMADE
TAARTJES
borrelplankjes
ervice...
FTERNOON
EA
BEDRIJFS
CATERING
ruiloft toetjes

FLOOR
Floorabella

Manchmal ist es der Wunsch nach Veränderung, der uns besondere Talente entdecken lässt: Wie bei Floor van Dinteren, deren Mutter „früher recht einfallslos kochte, ständig gab es nur Kartoffeln und Fleisch“. So kam es, dass sie sich im Alter von fünf Jahren darüber beschwerte und sagte, sie wolle mal etwas anderes essen. Bereitwillig überließ ihre Mutter ihr die Küche und die kleine Floor war von da an jeden Mittwoch für das Familienessen zuständig. Früh übt sich, sagt man, und so gibt es heute kaum mehr etwas, was die hübsche Holländerin nicht aus dem Stegreif zubereiten könnte.

In Gemert, einem kleinen Städtchen in der Nähe von Eindhoven, schenkt uns Floor herrlich duftenden Apfeltee ein. Dort bewohnt sie zusammen mit ihrem Freund eine schnucklige, verklinkerte Doppelhaushälfte, die luftig, warm und ausschließlich in Naturtönen eingerichtet ist. Vom massiven Esstisch aus blicken wir auf einen kleinen, fröhlich-wild bewachsenen Garten. Dort hat sie erst kürzlich Gemüsebeete für frische Kräuter und Rote Bete angelegt. Am Ende des Gartens erhaschen wir einen kurzen Blick auf das Objekt, wofür Floor in der ganzen Umgebung bekannt ist: ihren mobilen Räucherholzofen. Am Wochenende fährt sie damit auf Märkte und verkauft dort ihre Brotspezialitäten, die sich seit einigen Jahren immer größerer Beliebtheit erfreuen.

Bereits damals, als sie noch als Lehrerin arbeitete, versuchte sie ihre kulinarische Leidenschaft in den Unterricht einzubinden: „Ich habe immer viel mit meinen Schülern gekocht und gebacken, zumindest in den Rechenaufgaben. Sie durften dann die Zutaten zusammenzählen.“ Auf Dauer war ihr das aber nicht kreativ genug und so begann sie sich mit kleineren Caterings oder als Geburtstagskuchenbäckerin in ihrem Bekanntenkreis durchzuschlagen.

Wir spüren, dass Floor die Kunst des Brotbackens beherrscht, wie kaum jemand, den wir bisher getroffen haben. Sie arbeitet mit ruhigen und intuitiv-wissenden Bewegungen – gerade so, als würde sie sich durch diese momentane handwerkliche Tätigkeit an einen anderen Ort versetzen können. „Ich liebe es den Teig zu kneten. Und vor allem dieses meditative Gefühl, ähnlich wie beim Yoga, wenn sich das Mehl und die anderen Zutaten zwischen meinen Fingern verbinden!“ Auf der Suche nach den perfekten Rezepten hat sie zwar einige Kurse besucht und Kochbücher gewälzt, doch die eigene Zufriedenheit stellte sich erst ein, als sie begann, nach Gefühl und ohne Backformen zu arbeiten. „Ich backe so einfach sinnlicher und freier. Diese festen Rezepte sind mir viel zu streng!“ Ein Grund, weshalb sie es hasse, Macarons zu backen, wie sie uns lachend mit ihrem herzlichen holländischen Akzent erzählt.

Für Floor hat nicht nur das Backen mit sinnlicher Erfahrbarkeit zu tun. Ihre Sinnlichkeit und Unbeschwertheit lässt sich auch auf das Leben im Allgemeinen übertragen. Das merkt man an den kleinen liebevollen Veranstaltungen, die sie unter anderem über ihren Blog organisiert. „Einmal habe ich ein Picknick auf einer Kuhweide veranstaltet und es war toll, wie die Kühe und Kinder dort herumliefen. Wie alle lachten, gemeinsam aßen und sich an der frischen Luft erfreuten! Der Bauer hatte nichts dagegen. Und als Dank habe ich ihm ein Foto geschenkt, das er nun bei sich zu Hause hängen hat.“ Je mehr Personen sie dabei beglücken kann, desto besser. „Gebt mir einen Gaskocher und ich bereite für 40 oder 50 Personen mit wenigen, aber guten Zutaten ein kleines, gemütliches Fest.“ „Liflafjes“, sagt sie dazu, „kleine Leckereien“.

Was ihre Wünsche für die Zukunft seien? Zunächst wird die Motorradwerkstatt des Freundes zu einer Küche umgebaut und mit einem großen englischen Holzofen ausgestattet. Für noch mehr Feste und „Liflafjes“. Und sonst? „Ach, ab und zu frage ich Freunde, ob sie Lust hätten, mit mir zu picknicken. Aber die Menschen müssen zu viel arbeiten und nehmen sich zu wenig Zeit zum Genießen. Das sollte sich ändern!“

WO KAUFST DU DEINE ZUTATEN?
Mein Freund und ich machen jedes Jahr mit dem Campingbus eine dreiwöchige Rundreise durch Frankreich. Auf dem Rückweg ist der Bus immer bis oben hin vollgepackt mit großen Säcken Mehl, Meersalz und natürlich Wein. Das hält meist für ein Jahr. Alle übrigen Zutaten kaufe ich – wenn möglich – bei den Bauern in der Umgebung oder auf dem Markt.

DEIN LIEBSTES KÜCHENUTENSIL?
Meine KitchenAid, Teigschaber (egal, ob für Saucen oder Teig) – und natürlich der Ofen! Außerdem sammle ich alte Korkenzieher.

HAST DU EIN LIEBLINGSGEWÜRZ?
Rosmarin, Zimt und Orangen, Basilikum.

WO UND WIE ISST DU AM LIEBSTEN?
Am liebsten unter freiem Himmel! Draußen schmeckt es doch immer besser! Zum Beispiel habe ich im September Geburtstag und meistens ist gutes Wetter. Dann verteile ich einfach draußen im Garten Kissen, baue ein Büfett auf, es gibt Wein, es läuft Swingmusik und am Ende wird immer getanzt.

HAST DU EIN LIEBLINGSGERICHT?
Knuspriges Brot aus meinem Holzbackofen: am liebsten das süße Fenchelbrot.

WAS KOCHST DU, WENN DU KEINE ZEIT HAST, ETWAS ZU BACKEN? Gemüsesuppe! Das Gemüse kommt aber vorher auch in den Backofen, damit sich der Geschmack schön konzentriert. Außerdem habe ich immer etwas Brot eingefroren, was dann ganz schnell aufgebacken ist.

WAS GEHÖRT FÜR DICH ZU EINEM PERFEKTEN ESSEN? Wein. Zu einem perfekten Essen gehört immer guter Wein!

HAUSGEMACHTE PASTETE MIT FLOORABELLAS FENCHELBROT UND KARAMELLISIERTEN FEIGEN

„Ein Rezept für einen leckeren, selbstgemachten herzhaften Brotaufstrich und das beste Brot, das Sie je probiert haben – mit intensivem Fenchelgeschmack.

Wir Holländer mögen süßes Brot und dies ist das Rezept für mein Leibgericht: schön auf einem Holzbrett angerichtet, mit den Feigen garniert und dann dazu ein gutes Glas Wein!
– das perfekte Abendbrot!"

Für 4 Personen

Für die hausgemachte Pastete

250 g Hühnerleber
1 Knoblauchzehe, geschält
1 EL Thymian
1 EL Zucker
6 TL Butter
3 TL Portwein

Die Hühnerleber 5 Minuten pro Seite in der Pfanne braten. Abkühlen lassen und mit Knoblauch, Thymian, Zucker, Butter und Portwein in den Mixer füllen. Die Zutaten im Intervallmodus cremig pürieren und in ein sauberes Schraub- oder Weckglas füllen. Die Pastete ist im Kühlschrank bis zu 2 Wochen haltbar.

Für die gebratenen Feigen

8 Feigen
feiner Rohrohrzucker
Butter
Thymianblättchen zum Garnieren

Die Feigen halbieren und mit der Schnittfläche in den Zucker drücken. In einer Pfanne etwa 1–2 Esslöffel Butter zerlassen, die Feigenhälften mit der Zuckerseite nach unten hineinsetzen und bei mittlerer Hitze goldbraun-knusprig karamellisieren lassen.

Eine Scheibe Fenchelbrot mit der hausgemachten Pastete bestreichen. Die karamellisierten Feigen daraufsetzen und mit frischen Thymianblättchen garnieren.

Für das Fenchelbrot

500 g Weizenmehl (Type 550 oder 405)
1 EL Meersalz
1 TL Rohrohrzucker
250 g Rosinen
250 g Mandeln
250 g Walnusskerne
8 EL Fenchelsamen
2 Päckchen Trockenhefe (14 g)

Das Mehl in eine Schüssel sieben und mit Salz, Zucker, Rosinen, Mandeln, Walnüssen und Fenchelsamen vermengen. Eine Mulde in die Mitte drücken, die Hefe hineingeben und langsam 300 ml Wasser dazugießen. Von der Mitte aus zu einem Teig rühren. Dann den Teig auf der Arbeitsfläche mindestens 10 Minuten kneten, bis er geschmeidig ist. Wieder in die Schüssel legen und mit einem Küchentuch abgedeckt mindestens 12 Stunden ruhen und gehen lassen.

Den Teig in 4 Teile schneiden und diese mit den Händen zu Laiben formen. Ein Backblech mit Backpapier auslegen und die Brotlaibe darauflegen. Mit einem Küchentuch bedeckt nochmals 30 Minuten gehen lassen.

Den Backofen auf 200 °C vorheizen. Das Fenchelbrot 45 Minuten backen. Das Brot auf einem Kuchengitter auskühlen lassen und in dicke Scheiben schneiden.

FLOORABELLAS BROT MIT FÜNF KÄSESORTEN UND SALAT MIT GERÄUCHERTER ROTE BETE

„Rote Bete habe ich erst neulich für mich entdeckt. Es gibt nichts Besseres, als sie zu kochen und in einen Salat zu mischen. Noch besser ist allerdings, wenn man sie nach dem Kochen im Ofen röstet und Sie dieses fabelhafte Raucharoma bekommen.

Der Salat passt auch hervorragend zu Champignons, die in Butter und mit etwas Knoblauch angebraten sind.

Das Brot warm zum Salat servieren. Dazu ein kühles Glas Viognier oder Verdejo!"

Für 4 Personen

Für das Brot

500 g Weizenmehl (Type 550 oder 405)

2 Päckchen Trockenhefe (14 g)

2 TL Meersalz

5 TL Zucker

4 TL natives Olivenöl extra (mit Knoblaucharoma)

je 1 Stück Stilton (oder anderer Blauschimmelkäse), Brie de Meaux (oder anderer Brie), Mozzarella, Parmesan und Camembert

frischer Rosmarin, geröstetes Meersalz und geröstete Pinienkerne, nach Belieben zum Garnieren

Mehl, Hefe, Salz und Zucker in einer Schüssel vermengen. Eine Mulde in die Mitte drücken und das Öl und 300 ml Wasser hineingießen. Die Zutaten zu einem Teig mischen und diesen mindestens 10 Minuten kneten, bis er elastisch und glatt ist. Mindestens 3 Stunden gehen lassen, bis sich das Teigvolumen verdoppelt hat.

Den Teig in 4 Stücke schneiden. Ein Backblech mit Backpapier auslegen. Die Teigstücke zu flachen Fladen drücken und auf das Blech legen. Die Käsesorten in die Fladenmitte krümeln. Die Ränder leicht nach innen einrollen.

Rosmarin, etwas Meersalz und Pinienkerne über die Fladen streuen. Die Fladen am besten im Holzofen 20–25 Minuten backen (oder bei 200 °C im Backofen).

Für den Salat

4 Knollen Rote Bete

Salz

250 g gemischte Salatblätter (z. B. Rote-Bete-Blätter, Rucola und Spinat)

200 g gesalzene und geröstete Mandeln

1 dicke Scheibe Stilton (oder anderer Blauschimmelkäse), gewürfelt oder zerkrümelt

200 g Granatapfelkerne

Für das Dressing

1 großer TL Honig

2 EL Senf

1 EL Rohrohrzucker

2 TL Weißweinessig

6 TL natives Olivenöl extra

Die Rote-Bete-Knollen mindestens 25 Minuten in Salzwasser weich kochen. Auf ein Blech legen und im (Holz-)Ofen weiter rösten, bis sie gar sind. Die Salatblätter putzen, waschen und auf einer schönen Servierplatte anrichten. Mandeln, Stilton und Granatapfelkerne darauf verteilen.

Die Rote Bete in dünne Scheiben schneiden und auf dem Salat anrichten.

Für das Dressing Honig, Senf, Zucker, Essig sowie Öl verrühren und den Salat damit beträufeln.

Das Dressing ist im Kühlschrank mindestens 4 Wochen haltbar.

APFELCRUMBLE

Für 4 Personen

250 g Mehl
½ Päckchen Backpulver (4 g)
1 Prise Salz
100 g Zucker und 3 EL zum Bestreuen
150 g Butter, zerlassen
8 große Äpfel, geschält und Kerngehäuse entfernt
1 EL Zimt
100 g Amarettokekse
100 g Rosinen
8 EL Amaretto, nach Belieben

Den Backofen auf 175 °C vorheizen.

Mehl, Backpulver, Salz, Zucker und Butter rasch mit den Fingern zu einem krümeligen Teig verarbeiten. Die Krümel nicht zu lange kneten.

Die Äpfel in kleine Stücke oder Viertel schneiden, in eine ofenfeste Form schichten und mit Zimt, Zucker, den Amaretti und den Rosinen bestreuen. Mit etwa 4 Esslöffeln Amaretto beträufeln. Die Teigkrümel darüber verteilen.

Den Crumble im Ofen mindestens 45 Minuten backen, bis der Teig goldbraun und knusprig ist. Mit Schlagsahne und Eiscreme servieren. Nach Belieben nochmals mit Amaretto beträufeln.

Ich mag es, wenn man die Äpfel schön grob lässt.

Das Salz am Rand entlang streuen, damit es sich nicht direkt mit der Hefe mischt. Dann das Wasser in die Mulde in der Mitte gießen und langsam mit den Händen vermengen.

LAUREN
Fräulein Kimchi

Mit ihrer ganz eigenen, spannenden Fusion von deutscher, kalifornischer und koreanischer Küche gehört Lauren Lee – oder besser gesagt ihr Alter Ego Fräulein Kimchi – zu den aufregendsten neuen Köchen Berlins. Ihren eigenen Stil nennt sie „Seoul-Fusion“ – eine Mischung aus koreanischen sowie internationalen Einflüssen und der richtigen Portion Herz, die man für die Zubereitung von gutem Essen braucht.

Geboren wurde Lauren in Korea, aufgewachsen ist sie aber in den Vororten von Toronto und Chicago. Eigentlich ist sie studierte Opernsängerin und Masseurin, aber als sie vor sechs Jahren nach Berlin kam, packte sie irgendwann das Heimweh und sie sehnte sich nach den tröstenden Gerichten, die sie an die Heimat erinnerten. Da es vor einigen Jahren in Berlin noch kaum koreanische Restaurants gab, begann sie die Gerichte ihrer Kindheit für sich selbst zu kochen. Seitdem hat sie ihren Kochstil kontinuierlich weiterentwickelt und ihre kleine Eigenproduktion „Fräulein Kimchi“ gegründet, über die sie mit viel Liebe hausgemachtes Kimchi verkauft, Kochkurse gibt und auch einen Supperclub betreibt.

Kimchi nennt man Gemüse, das durch Fermentation haltbar gemacht wird und dabei – ähnlich wie beim deutschen Sauerkraut – einen säuerlich-würzigen Geschmack erhält. Prinzipiell kann Kimchi aus verschiedensten Gemüsesorten wie Gurken, Lauch oder sogar der Schale von Wassermelonen hergestellt werden. Das klassische Kimchi wird jedoch aus Chinakohl gemacht. Es ist ein traditionelles koreanisches Gericht und gehört in Korea genauso wie Reis und Suppe praktisch zu jeder Mahlzeit. „Selbst, wenn du nur Reis und Kimchi hast, kannst du es als gute Mahlzeit bezeichnen. Wir sind stolz darauf, dieses Gericht erfunden zu haben und seine Zubereitung ist in Korea nahezu eine Kunstform.“ Dabei ist Kimchi nicht nur köstlich, sondern auch außerordentlich gesund: Mit fast keinen Kalorien, aber viel Vitamin C, Kalzium, Eisen, Ballaststoffen und Milchsäurebakterien ist es eines der gesündesten Lebensmittel der Welt. Bei allen Vorzügen dieser Speise muss allerdings fairerweise auch hinzugefügt werden, dass Kimchi einen starken und recht eigenwilligen Geruch verströmt, der sich trotz mehrerer Lagen verschlossener Plastikbeutel immer seinen Weg bahnt. Aus diesem Grund stehen in Laurens Küche auch zwei Kühlschränke. „Als früher Klassenkameraden zu uns nach Hause kamen, haben sie oft gefragt: ‚Oh Gott, ist bei euch in der Küche etwas gestorben?‘ Sie haben nie etwas probiert und ich habe mich für unser Essen geschämt.“

Wie wichtig Kimchi für die koreanische Esskultur ist, zeigt eine Anekdote von ihrem Vater, die Lauren uns lachend erzählt: „Mein Vater kann ohne Kimchi nicht leben. Auch wenn er beruflich verreisen musste, hatte er immer Kimchi in Vakuumbeuteln dabei. Auf einer Dienstreise nach Brasilien ging ihm einmal sein Kimchi aus und dabei war er noch für zwei Wochen unterwegs. In seiner Verzweiflung suchte er im Telefonbuch nach allen ‚Kims‘ oder ‚Parks‘. Das sind klassische koreanische Namen. Er rief bei jeder Nummer an und fragte, ob sie ihm sagen könnten, wo er Kimchi kaufen könne. Die meisten Familien konnten seine missliche Lage so gut nachvollziehen, dass sie ihn direkt zu sich zum Essen einluden.“

Lauren ist davon überzeugt, dass der nächste Foodtrend in Deutschland deutsch-koreanisches Essen sein wird: „In Korea würde niemand auf die Idee kommen, Kimchi aus Rotkohl herzustellen, doch ich finde es sehr köstlich und bin ganz verliebt in die Farbe.“ Ihr Faible für die herzhafte bayerische Küche und die daraus entstehenden koreanischen Interpretationen – wie den Kimchi-Krustenbraten oder die Kimchi-Käsespätzle – stammt vermutlich aus dem Film „The Sound of Music“, den sie als Kind sah. „Seitdem träume ich davon, in den Bergen zu leben und Dirndl zu tragen.“

WAS IST DEIN LIEBLINGSGERICHT? Mein absoluter Favorit: Kimchi Chigae, eine Kimchi-Suppe. Im Winter ist es ein Wohlfühlessen, das mich super wärmt.

WAS KOCHST DU, WENN DU KEINE ZEIT HAST? Ich gebe es nur ungern zu, aber dann mache ich mir koreanische Instantnudeln. Sie sind gar nicht so schlecht, wenn man sie ein wenig mit Gemüse verfeinert. Die meisten Gerichte, die ich mache, brauchen viel Zeit. Ich habe kein Interesse an einem Steak, das nur ein paar Minuten benötigt. Ich liebe die gutbürgerliche Küche – Eintöpfe und Fleischgerichte, die lange brauchen.

WAS WAR DAS BESTE GERICHT, DAS DU JEMALS GEGESSEN HAST? Es war eher eine Erfahrung: Als ich mit meiner besten Freundin als 20-Jährige nach Paris als Backpackerin gereist bin. Bis dahin hatte ich kein „Fine Dining“ oder gutes europäisches Essen probiert. Es dauerte fünf Stunden und war eine komplett neue Erfahrung. So, wie sich dieses Essen angefühlt hat, so wollte ich essen!

WAS IST DEIN LIEBSTES KÜCHENWERKZEUG? Es ist mein japanisches Küchenmesser.

WAS IST DEIN LIEBLINGSGEWÜRZ? Koreanisches Chilipulver.

ERINNERST DU DICH AN EINEN ÜBERRASCHENDEN GESCHMACK? Ich liebe chinesisches Essen. Neulich habe ich Erdnüsse in Essig gegessen – sehr interessant! Ich wäre nie auf diese Kombination gekommen.

WAS IST DIE BESTE GESCHMACKSKOMBINATION, DIE DU KENNST? Salzig, scharf, süß, sauer. Von allem etwas, aber ausbalanciert.

WAS BRAUCHST DU FÜR EIN PERFEKTES ESSEN? Etwas Heißes, zum Beispiel Suppe, Reis und wahrscheinlich etwas Kimchi.

WAS MACHT DICH GLÜCKLICH? Gutes Essen.

KIMCHI

„Kimchi ist die koreanische Version von Sauerkraut und ein absolutes Muss für jeden echten Koreaner. Mein Vater sagte immer, er braucht zum Leben zwei Dinge. Eine Schüssel Reis und ein Glas mit Kimchi.“

Obwohl es Kimchi mittlerweile vakuumverpackt in gut sortierten Asialäden zu kaufen gibt, ist dies nur ein leidlicher Ersatz für frisches, selbstgemachtes. Wenngleich es praktisch nicht verdirbt, ist es nur für eine kurze Zeitspanne, etwa nach 2–4 Wochen am besten. Danach schmeckt es recht sauer und wird meist nur noch zum Kochen für Suppen oder koreanische Knödel verwendet.

Für 5 mittelgroße Gläser à 435 ml

Für das Kimchi-Gemüse

2 mittelgroße Köpfe Chinakohl

Meersalz

1 Nashibirne oder 1 Apfel, in dünne Spalten geschnitten

1 Bund Karotten, in feine Streifen geschnitten

Den Chinakohl waschen und in 2–4 cm große, mundgerechte Stücke schneiden. Großzügig salzen und mindestens 1 Stunde ziehen lassen. Dann unter kaltem Wasser drei Mal gründlich abwaschen.

Für die Kimchi-Paste das Reismehl mit knapp 500 ml Wasser in einem hohen Topf verrühren, sodass keine Klümpchen mehr vorhanden sind. Die Mischung bei mittlerer Hitze unter Rühren zum Kochen bringen. Sobald die ersten Blasen aufsteigen, den Zucker dazugeben und 1 Minute weiterkochen. Dann vom Herd nehmen und abkühlen lassen.

Den abgekühlten Mehlbrei in eine große Schüssel umfüllen und nacheinander die Fischsauce, nach Belieben Kochu Karu, den Knoblauch, den Ingwer und die Zwiebel dazugeben. Frühlingszwiebeln, nach Belieben Daikon-Rettich und chinesischen Schnittlauch unterheben. Falls kein chinesischer Schnittlauch erhältlich ist, stattdessen etwas mehr von den Frühlingszwiebeln nehmen. Falls verwendet, die Austern klein schneiden und dazugeben. Alle Zutaten gut miteinander vermengen.

Für die Kimchi-Paste

40 g Klebreismehl oder Weizenmehl

2 EL Zucker

80 ml Fischsauce

120–125 g Kochu Karu (koreanische Chiliflocken)

3 EL zerstoßener Knoblauch (etwa 2 Knollen)

2 EL fein geriebener Ingwer

1 weiße Zwiebel, fein gehackt

1 Bund Frühlingszwiebeln, schräg in Ringe geschnitten

1 Daikon-Rettich (Winterrettich), in dünne Streifen geschnitten, nach Belieben

1 Bund chinesischer Schnittlauch (Knoblauch-Schnittlauch), in 5 cm lange Stücke geschnitten

frische Austern, nach Belieben

Den gewässerten Chinakohl, die Birnen- oder Apfelspalten und die Karottenstreifen gründlich mit der Kimchi-Paste vermengen. Traditionellerweise macht man das mit den Händen, wie meine Großmutter und alle anderen kleinen koreanischen Damen weltweit. Ich empfehle dabei dünne Plastikhandschuhe zu tragen, da sonst die Hände später unangenehm riechen.

Das fertige Kimchi in ein Einmachglas schichten und fest zusammendrücken, sodass zwischen den Gemüsestückchen keine Luft bleibt. Unter dem Glasrand etwas Platz lassen, da der Kohl während der Gärung an Volumen zunimmt.

Das Kimchi ist sofort verzehrfertig, schmeckt aber 2–3 Tage nach dem Einmachen am besten. Vor dem ersten Öffnen hält es im Kühlschrank über Wochen. Kimchi, das vom langen Fermentieren bereits sehr sauer ist und verdorben erscheint, kann noch für Kimchi Fried Rice verwendet werden. Dazu das Kimchi mit etwas Frühstücksspeck in der Pfanne braten und gekochten Reis unterheben.

Irgendwann habe ich verstanden,
dass du den Prozess der Essenszubereitung
wirklich lieben musst, um ein richtig gutes
Essen kochen zu können.

KOREANISCHE TACOS MIT RINDFLEISCH

„Tacos sind eines meiner Lieblingsessen und es ist meine Mission, koreanische Tacos bekannter zu machen!“

Für 4–6 Personen

10 Shiitakepilze
1 kg kurze Rinderrippchen
145 ml Sojasauce
8 Knoblauchzehen, fein gehackt
1 Zwiebel, geschnitten
2 Frühlingszwiebeln, gehackt
1 EL Reiswein
3 EL brauner Zucker
Pfeffer
1 Bund Karotten
1 Daikon-Rettich (Winterrettich),
2 EL Kochu Karu (koreanische Chiliflocken)
1 Packung Maistortillafladen

Die Shiitakepilze 4–6 Stunden in warmem Wasser einweichen. Die Rippchen mindestens 30 Minuten in kaltes Wasser legen.

In einem großen Topf oder einem Bräter 2 Tassen Wasser, die Sojasauce, Knoblauchzehen, Zwiebel, Frühlingszwiebeln, Reiswein, Zucker und 1 Prise Pfeffer zu einer Marinade verrühren. Die Rippchen hineinlegen und aufkochen lassen. Den Deckel auf den Topf legen und die Rippchen 20 Minuten bei mittlerer Hitze kochen.

In der Zwischenzeit die anderen Zutaten vorbereiten. Die Karotten und den Rettich schälen und in 5 cm große Würfel schneiden. Die Shiitakepilze abgießen und in mundgerechte Stücke schneiden.

Karotten, Rettich, Pilze und Kochu Karu nach den 20 Minuten Kochzeit zu den Rippchen in den Topf geben. Die Rippchen weitere 3–4 Stunden zugedeckt bei niedriger Hitze garen.

Den Deckel abnehmen und prüfen, ob das Fleisch gar ist. Dazu ein Stäbchen nehmen und in das Fleisch stechen. Kann man problemlos durch das Fleisch stechen, dann ist es ausreichend zart. Das Fleisch abkühlen lassen, dann mit den Fingern in kleine Streifen zupfen.

In einer Pfanne die Tortillas kurz toasten. Herausnehmen und die warmen Tortillas mit dem Fleisch, Gurkensalsa und Kimchi füllen – dann einfach genießen!

KOREANISCHE GURKENSALSA

Für 4–6 Personen

4 kurze Gurken (z. B. persische)
1 EL Salz
2 Frühlingszwiebeln
1 Jalapeño (scharfe Chilischote)
Saft von 1 Limette oder ½ Zitrone
1 EL Reisessig
1–4 EL Kochu Karu (koreanische Chiliflocken, nach gewünschter Schärfe)
1 EL geröstete Sesamsamen
1 EL Zucker
Salz
Pfeffer

Die Gurken vierteln und in mittelgroße Stücke schneiden. Salz darüberstreuen und 30 Minuten ziehen lassen. In der Zwischenzeit die Frühlingszwiebeln und die Jalapeño klein hacken.

Das Salz von den Gurken abwaschen und diese gut ausdrücken.

In einer kleinen Schüssel den Limettensaft, Reisessig, nach Belieben Kochu Karu (je nach gewünschter Schärfe), Sesam und Zucker verrühren. Dann die Gurken, Frühlingszwiebeln und Jalapeño dazugeben. Mit Salz und Pfeffer abschmecken.

FRÄULEIN-KIMCHI-KÄSESPÄTZLE

„Meine erste Mitbewohnerin kam aus Bayern und hat häufig Käsespätzle gemacht. Meine Mutter meinte einmal, dass Käsespätzle und Kimchi sehr gut zusammenpassen würden – und sie hatte Recht! So entstanden die berühmten Fräulein-Kimchi-Käsespätzle. Dabei ist es wichtig, gut fermentiertes Kimchi zu verwenden. Es sollte also schon recht sauer schmecken. Wenn es zu frisch ist, verliert es beim Kochen an Geschmack. Man braucht zwar etwas Routine in der Herstellung und dem ‚Schaben' des Teiges, aber dann ist es wirklich schnell gemacht."

Für 2 Personen

3 Eier
100–125 ml Milch oder Wasser
Salz
125 g Weizenmehl Type 405
125 g Weizenmehl Type 550
geröstetes Sesamöl
4 Zwiebeln, in Ringe geschnitten
50 g durchwachsener Speck, in Streifen geschnitten
reichlich sehr gut fermentiertes Kimchi
Butter
100 g Emmentaler, gerieben
Frühlingszwiebeln, in dünne Scheiben geschnitten

Die Eier mit Milch oder Wasser verquirlen. Mit dem Salz unter das Mehl schlagen, bis der Teig keine Klumpen mehr hat und sich kleine Bläschen bilden. Bei Bedarf noch mehr Wasser oder Mehl zugeben, bis der Teig zähflüssig ist.

Den Teig mindestens 30 Minuten ruhen lassen, dann nochmals durchschlagen.

Ich lasse ihn gerne bis zu 1 Stunde stehen und schlage ihn hin und wieder durch, während ich die anderen Zutaten für die Spätzle vorbereite.

In einer Pfanne 1–2 Esslöffel Öl erhitzen. Die Zwiebeln und ½ Teelöffel Salz dazugeben. Die Zwiebelringe bei mittlerer Hitze karamellisieren lassen. Aus der Pfanne heben und beiseite stellen. In der gleichen Pfanne den Speck 1–2 Minuten braten, dann das Kimchi unterheben. Weiterbraten, bis das Kimchi karamellisiert ist. Für dieses Gericht sollte das Kimchi sehr gut vergoren und sauer sein. Frisches, noch nicht fermentiertes Kimchi gibt beim Kochen nicht das richtige Aroma.

Wasser in einem großen Topf zum Kochen bringen. Einen Spätzlehobel daraufsetzen, den Teig einfüllen und die Spätzle durch Vor- und Zurückschieben des Hobels ins Wasser schaben. Alternativ die Spätzle von einem Brett schaben (so mache ich es am liebsten). Dazu das Brett vorher gründlich nass machen, damit der Teig nicht daran hängen bleibt. Die Spätzle mit einer schnellen Bewegung aus dem Handgelenk vom Brett ins kochende Wasser schneiden.

Die Spätzle sind gar, wenn sie an die Wasseroberfläche steigen. Mit einem Schaumlöffel herausheben und in einem Nudelsieb abtropfen lassen. So weitere Spätzle zubereiten. Etwas Butter unter die fertigen Spätzle mischen, damit sie nicht verkleben.

Den Backofen auf 175 °C vorheizen. Die Spätzle abwechselnd mit Käse, Kimchi und Zwiebeln in eine Auflaufform schichten. Mit Kimchi und Zwiebeln abschließen. Die Spätzle im Ofen 20–30 Minuten überbacken, mit den Frühlingszwiebeln garnieren und genießen. Statt im Ofen kann man die Spätzle auch in der Pfanne zubereiten. Sie sind fertig, sobald der Käse geschmolzen ist.

JÜRGEN
Gelataio

Wenn der Marketingchef einer Bank auf die Frage, was ihn glücklich mache, ohne zu Zögern und mit kindlicher Begeisterung „Eis!" antwortet, dann lohnt es sich vielleicht, genauer nachzufragen …

Die Liebe zu dieser kühlen Süßspeise ist für Jürgen Lieberknecht eine, deren Wurzeln in seine frühe Kindheit zurückreichen: „Von jeher war Eis das Lebensmittel, das ich am liebsten gegessen habe. Als Kind bin ich auf meinem Schulweg immer an einer Eisdiele vorbeigekommen. Die Kugel kostete zehn Pfennig und das Taschengeld hat gerade so gereicht, dass ich mir jeden Tag eine Kugel kaufen konnte. Es war mein kleines Ritual."

Als er – längst erwachsen – schließlich davon hörte, dass bei der örtlichen Handwerkskammer ein Lehrgang zum Speiseeishersteller angeboten wurde, war er natürlich gleich Feuer und Flamme. Eine der Voraussetzungen war jedoch eine abgeschlossene Ausbildung als Konditor, die er nicht besaß. „Allerdings hatte ich mal ein zweitägiges Seminar bei einem Eismaschinenhersteller gemacht. Ich reichte das Zertifikat der Gelato-University zusammen mit meinem Diplom als Kaufmann ein und wurde tatsächlich zugelassen." Der Lehrgang dauerte 14 Tage und schloss mit einer fünfstündigen Prüfung ab, in der Praxis, Theorie und Bilanzieren abgefragt wurden. „Bilanzieren?", fragen wir.

„Die Kunst in der Eisherstellung ist das Abstimmen der Zutatenmengen untereinander, denn ein Eis hat mehrere Bausteine: Zucker, Wasser, Fett, feste Stoffe und das ‚Mager' der Milch. Das klassische Milcheis hat 18 Prozent Fett, 8 Prozent Zucker und ca. 33 Prozent Feststoffe. Es gibt Tabellen, in denen man nachlesen kann, wie viele Anteile zur Zubereitung vermengt werden müssen. Es ist jedoch ziemlich komplex, denn wenn man einen Parameter optimiert hat und eine weitere Zutat hinzufügt, verändert sich die ganze Zusammensetzung. Nur wenn man ein gutes Verständnis dafür hat und das Rezept richtig austüftelt, kommt ein gutes Eis dabei raus."

Was ein gutes Eis ausmache, fragen wir: „Es geht leicht runter, hat ein rundes, nicht raues Mundgefühl, und es ist warm. Und natürlich der Geschmack. Ein gutes Eis sollte man immer noch schmecken, nachdem man es heruntergeschluckt hat. Die Italiener essen Eis übrigens sehr viel süßer und je nördlicher man kommt, umso fetter wird es. Die skandinavischen Eissorten sind sehr dicht in der Konsistenz."

Immer wieder verschwindet Jürgen im Keller des Einfamilienhauses, das einen wunderschönen Ausblick auf den Taunus bietet. Dort zaubert er aus dem Kühlschrank, der einzig und allein mit Speiseeis gefüllt ist, neue Sorten und lässt sie uns probieren. Eigentlich hat er kein richtiges Lieblingseis und experimentiert auch mal mit eher exotischen Geschmacksrichtungen wie Voatsiperifery-Pfeffer, Tonkabohne, Lakritz, Gurke-Limone oder Safran. Im Sommer stehen vor allem Sorbets wie Mango, Heidelbeere und Melone hoch im Kurs. Was er dennoch am liebsten herstelle? „Man sagt an einem Vanille-, Schokoladen- oder Pistazieneis kann man erkennen, ob jemand Eis machen kann. Entweder lernt man es durch Zuschauen bei Papa im Familienbetrieb oder man lernt es von der theoretischen Seite her."

Dabei gehört Jürgen ganz klar zu den Letzteren, denn nichts wird dem Zufall überlassen. Alles wird akribisch gemessen, gewogen, kontrolliert und bilanziert. Bei ihm scheint zum Kochen viel Mathematik zu gehören. „Als ich mit dem Thema angefangen habe, war das zum großen Leidwesen für meine Frau. Plötzlich hatte sie unsere Küche nicht mehr für sich allein und musste drei, vier Schubladen für mich räumen." Seine Ehefrau Renate kann nicht anders als ihm lachend zuzustimmen, während sie ihm bei der Herstellung seiner zweiten süßen Leidenschaft zur Hand geht: Macarons.

„Mein Lieblingsschaufenster ist von einem Laden, der Macarons anbietet. Wenn man mal schlecht drauf ist, sollte man einfach fünf Minuten in dieses Schaufenster schauen. Irgendwann dachten wir uns: So schwierig kann das doch gar nicht sein, und haben uns da reingefuchst."

WAS IST DEIN LIEBLINGSGERICHT? Alles mit Spargel. Und Pasta in Gran Padano mit Auberginen. Dazu werden die Nudeln in einer Pfanne mit Auberginen und Gemüse gemacht. Zum Schluss wird alles in einen großen Laib Gran Padano gegeben und mit einer scharfen Kelle aus dem Laib geschabt. Dadurch werden Parmesanspäne gelöst und vermischen sich beim Anrichten mit den Nudeln auf den Tellern. Also das hat schon etwas.

WAS WAREN DIE TYPISCHEN GERICHTE DEINER KINDHEIT? Kartoffelklöße, Sauerbraten und Rotkraut, Grießknöpfe – also in der Pfanne ausgebackener Grießteig – und Schnitzel mit Kartoffelpuffer. Die badische Küche.

WAS WAR DIE LETZTE GESCHMACKSÜBERRASCHUNG, AN DIE DU DICH ERINNERN KANNST? Voatsiperifery-Pfeffer. Das ist Pfeffer aus Madagaskar. Er hat einen feinen, sehr nachhaltigen Geschmack mit einer leicht erdig-waldigen, aber auch blumigen und zitronig-frischen Note.

WAS IST DIE BESTE GESCHMACKSKOMBINATION, DIE DU KENNST? Das Spiel mit unterschiedlichen Süßegraden. Also etwas sehr Süßes, zum Beispiel gebrannte Mandeln, in einem Eis, das nicht so süß ist. Oder Gegensätze, wie zum Beispiel Schokolade mit Chili.

HAST DU EINEN KULINARISCHEN TRAUM? In San Gimignano gibt es den Eis-Weltmeister und mein Traum wäre, vier Wochen dort mitzuarbeiten. Oder auch nur seinem Eis nahe zu kommen …

WAS IST DEIN LIEBLINGSGEWÜRZ? Vanille aus La Réunion.

WAS IST DEIN LIEBSTES KÜCHENWERKZEUG? Der Paco-Jet. Das ist ein Multifunktionsgerät, aber auch eine Eismaschine.

WAS PLANST DU FÜR DIE ZUKUNFT? Vielleicht wird irgendwann sogar mehr aus meiner Leidenschaft, momentan ist es ja eher eine Wochenendaktion.

DUNKLES SCHOKOLADEN-EIS

Für 1 kg Eismasse

31 g Magermilchpulver
117 g Zucker
3 g Guarkernmehl
600 ml Vollmilch (3,8 % Fett)
26 g Invertzucker
80 g dunkle Zartbitterschokolade (mindestens 61 % Kakao, z. B. von Valrhona)
10 g Kakaopulver (z. B. von Valrhona)
133 ml Sahne (30 % Fett)

Das Magermilchpulver mit 2 Teelöffel Zucker und dem Guarkernmehl mischen. Die Vollmilch unter ständigem Rühren langsam erhitzen. Hat sie ca. 30 °C erreicht, die Magermilchpulvermischung unterrühren.

Weiter erwärmen und bei ca. 45 °C langsam den restlichen Zucker und den Invertzucker unterrühren. Weiter auf ca. 60 °C erhitzen, dann die Bitterschokolade sowie das Kakaopulver dazugeben. Die Masse bis 94 °C erhitzen, dann vom Herd nehmen und in Eiswasser unter Rühren abkühlen.

Wenn die Mischung weniger als 70 °C hat, die Sahne mit einem Stabmixer unterrühren. Alles auf 6 °C abkühlen lassen und im Kühlschrank mehrere Stunden oder über Nacht reifen lassen.

Die Masse nochmals mit dem Schneebesen gut durchrühren und in ein Sieb abgießen. Anschließend in einer Eismaschine zu Eis aufschlagen.

GEBRANNTE-MANDEL-EIS

Für 1 kg Eismasse

31 g Magermilchpulver
108 g Zucker
3 g Guarkernmehl
598 ml Vollmilch (3,8 % Fett)
19 g Invertzucker
28 g Glukosepulver
24 g Dextrose
Mark von 1 Bourbon-Vanilleschote
191 ml Sahne (30 % Fett)
15 g gebrannte Mandeln pro 2 Portionen (80 g für 1000 ml)

Das Magermilchpulver mit 2 Teelöffel Zucker und dem Guarkernmehl mischen. Die Vollmilch unter ständigem Rühren langsam erhitzen. Hat sie ca. 30 °C erreicht, die Magermilchpulvermischung unterrühren.

Weiter erwärmen und bei ca. 45 °C langsam den restlichen Zucker und den Invertzucker unterrühren. Weiter auf 60 °C erhitzen und dann das Glukosepulver, die Dextrose und das Vanillemark dazugeben. Bei 80 °C mit einem Stabmixer gut durchmixen, dann bei ca. 84 °C vom Herd nehmen und in Eiswasser unter Rühren abkühlen.

Wenn die Mischung weniger als 70 °C hat, die Sahne mit einem Stabmixer unterrühren. Alles auf 6 °C abkühlen lassen und im Kühlschrank mehrere Stunden oder über Nacht ziehen lassen.

Die Masse nochmals mit dem Schneebesen gut durchrühren und in ein Sieb abgießen. Anschließend in einer Eismaschine zu Eis aufschlagen. Die fein gehackten Mandeln unter die Eismasse heben.

EISCREME MIT FRISCHER MINZE

Für 1 kg Eismasse

31 g Magermilchpulver
108 g Zucker
3 g Guarkernmehl
598 ml Vollmilch (3,8 % Fett)
19 g Invertzucker
28 g Glukosepulver
24 g Dextrose
20 g Paste mit natürlichem Pfefferminzaroma (erhältlich z. B. im Konditorenbedarf)
1 Bund frische Pfefferminze, Blätter abgezupft
191 ml Sahne (30 % Fett)

Das Magermilchpulver mit 2 Teelöffel Zucker und dem Guarkernmehl mischen. Die Vollmilch unter ständigem Rühren langsam erhitzen. Hat sie ca. 30 °C erreicht, die Magermilchpulvermischung unterrühren.

Weiter erwärmen und bei ca. 45 °C langsam den restlichen Zucker und den Invertzucker unterrühren. Weiter auf 60 °C erhitzen und dann das Glukosepulver, die Dextrose, die Minzpaste sowie zum Schluss die Minzeblätter dazugeben. Wenn die Masse auf ca. 80 °C erhitzt ist, mit einem Stabmixer gut durchmixen. Bei ca. 84 °C die Masse vom Herd nehmen und in Eiswasser unter Rühren abkühlen. Wenn die Mischung weniger als 70 °C hat, die Sahne mit einem Stabmixer unterrühren. Alles auf 6 °C abkühlen lassen und im Kühlschrank mehrere Stunden oder über Nacht reifen lassen.

Die Masse nochmals mit dem Schneebesen gut durchrühren und in ein Sieb abgießen. Anschließend in einer Eismaschine zu Eis aufschlagen.

SCHOKOLADEN-MACARONS

Für ca. 35 Macarons

Für die Ganache

200 ml Schlagsahne

1 EL feiner Kristallzucker

250 g dunkle Schokolade (mindestens 60 % Kakao), fein gehackt

40 g Butter, in Stücke geschnitten

Für die Macaronmasse

185 g gemahlene Mandeln

30 g Kakaopulver

185 g Puderzucker

200 g feiner Kristallzucker

2 x 75 g Eiweiß (präzises Abwiegen erforderlich)

Für die Ganache die Sahne und den Zucker in einen Topf geben und aufkochen.

Die kochend heiße Flüssigkeit zur Hälfte über die Schokolade gießen. Alles mit einem Spatel langsam von innen nach außen verrühren, bis die Schokolade geschmolzen und die Mischung glatt ist. Die restliche Sahne dazugeben. Wieder von innen nach außen rühren, bis eine homogene Mischung entstanden ist.

Butterstücke dazugeben und einarbeiten. Den Topf mit der Ganache mit Frischhaltefolie abdecken. Die Ganache bei Raumtemperatur fest werden lassen.

Für die Macaronmasse die Mandeln, den Kakao und den Puderzucker in einen Blitzhacker geben und alles 30 Sekunden fein mahlen. Dann in eine Schüssel sieben, am besten zweimal: zuerst mit einem groben, dann mit einem feinmaschigen Sieb.

Zucker und 50 ml Wasser in einen Topf geben und bei mittlerer Hitze ohne Rühren aufkochen. Zuckerkristalle am Topfrand mit einem sauberen, mit kaltem Wasser befeuchteten Pinsel entfernen. Mit einem Zuckerthermometer die Temperatur des Sirups prüfen. Er soll später bis auf 118–119 °C erhitzt werden.

In der Zwischenzeit 75 g Eiweiß in die Rührschüssel der Küchenmaschine geben. Wenn der Zuckersirup 100 °C erreicht, das Eiweiß in der Küchenmaschine bei höchster Stufe schlagen. Wenn der Zucker 119 °C erreicht hat, die Küchenmaschine auf mittlere Geschwindigkeit stellen und den Zuckersirup über den Schüsselrand in das Eiweiß fließen lassen. Dann auf höchster Stufe weiterschlagen, bis die Meringuemasse auf ca. 32 °C abgekühlt ist.

Die restlichen 75 g Eiweiß mit der Kakaomischung verrühren. Die Meringuemasse dazugeben und alles zu einer glatten Masse verarbeiten.

Den Backofen auf 170 °C vorheizen. Auf das Backblech eine Silikonmatte mit aufgemalten Kreisen oder Backpapier legen. Die Masse in einen Spritzbeutel füllen und Tupfen auf das Blech spritzen. Von unten gegen das Blech klopfen, um die Tupfen zu glätten.

Die Macarons 10–12 Minuten backen, anschließend vollständig auskühlen lassen.

Wenn die Ganache streichfest ist, die Unterseiten der Macarons leicht eindrücken, so können sie mehr Ganache aufnehmen. Die Ganache in einen Spritzbeutel mit 5 oder 7 mm Lochtülle füllen und auf die Hälfte der Macarons spritzen. Je eine gefüllte und ungefüllte Schale zusammensetzen. Leicht drücken, damit sich die Füllung verteilt.

Die Macarons im Kühlschrank fest werden lassen. Anschließend gleich verzehren oder in fest verschließbaren Dosen aufbewahren.

WASSER-MELONEN-SORBET

Für 1 kg Eismasse

½ mittelgroße Wassermelone, ohne Schale (ca. 500 g Fruchtfleisch)

10 g Inulin

3 g Guarkernmehl

320 ml Zuckersirup (Zuckermischung aus 60 % Saccarose, 20 % Glukosepulver, 20 % Dextrose in Wasser aufgelöst)

Die Wassermelone in mittelgroße Stücke schneiden und in einen Becher geben. Der Becher sollte zu drei Vierteln voll sein.

Inulin mit Guarkernmehl mischen, dann mit Zuckersirup und 120 ml Wasser zu den Melonenstücken geben. Alles mit dem Stabmixer pürieren.

Die Masse einige Stunden im Kühlschrank reifen lassen. Die Mischung nochmals mit dem Schneebesen gut verrühren und in ein Sieb abgießen. Anschließend in der Eismaschine aufschlagen.

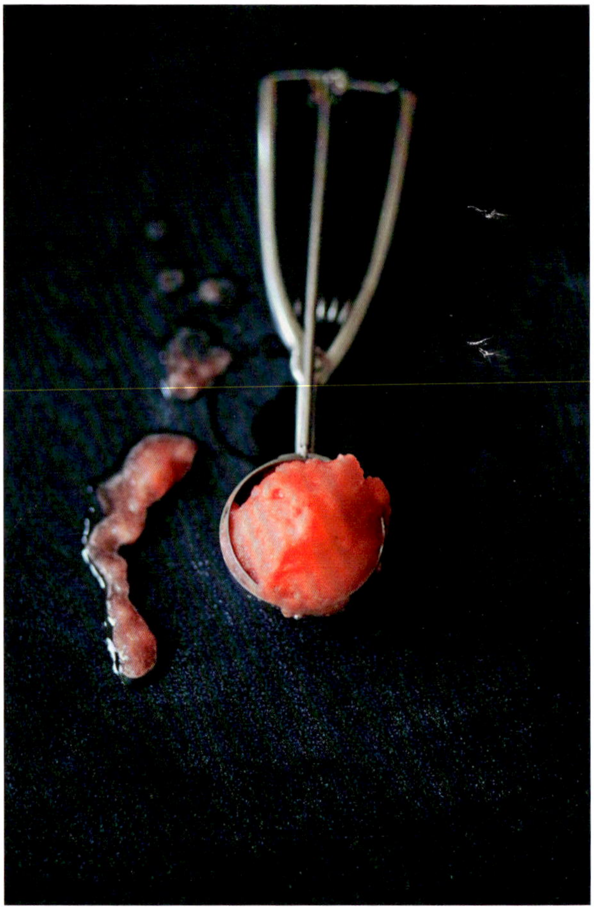

MARIJE
Eating Designer

Auf meterhohe Gabeln aufgespießte Häppchen, gebackene Äpfel, die mit einem Hammer aus ihrer Lehmkruste befreit werden wollen, Menüs, die im Rhythmus eines eigens komponierten Musikstücks einzunehmen sind oder ein Beerdigungsdinner, das ausschließlich aus weißen Gerichten besteht – all das sind Arbeiten der niederländischen Designerin Marije Vogelzang. Obwohl Werkstoff all ihrer Werke Lebensmittel sind, bezeichnet sie sich selbst nicht als Food-, sondern als Eating-Designer. „Die Produkte der Natur sind schon perfekt gestaltet. Mich interessiert eher, wie und in welchem Rahmen etwas gegessen wird."

Um eben dieses Themenfeld zu erforschen und gleichzeitig die Praxistauglichkeit ihrer Arbeiten zu testen, eröffnete sie mit dem Proef (was sowohl „testen" als auch „schmecken" bedeutet) eine experimentelle Mischung aus Designstudio und Restaurant in Rotterdam und Amsterdam. Da es jedoch schwierig war, die kreative Arbeit mit dem täglichen Restaurantbetrieb zu vereinbaren, verkaufte sie das Proef in Amsterdam, um mehr Freiraum für neue Projekte zu schaffen.

Ihre Leidenschaft für das Thema Essen entdeckte sie während ihres Studiums an der renommierten Design Academy in Eindhoven. „Wenn man bedenkt, dass es nichts gibt, das ähnlich stark Erinnerungen und Emotionen wecken kann, ist es erstaunlich, dass Essen ein von Gestaltern so wenig bearbeitetes Feld ist. Die meisten Designer denken bestenfalls in Objekten oder geben dem Essen einfach nur eine Form. Für mich ist die Form nur ein Werkzeug, um eine Geschichte zu erzählen. Mich interessiert vor allem der kulturelle und soziale Aspekt des Essens. Mein Ziel ist es, nicht einfach ein Abendessen zu gestalten, sondern Erlebnisse zu schaffen und Gefühle auszulösen."

Marije hat einen kreativen und inspirierenden Geist, der einen neugierig und beständig aus den freundlichen blauen Augen anblickt. Sie hinterfragt viel und kann allerhand eifrig gestikulierend von ihren Gedanken zum Thema Essen sowie ihren unzähligen Projekten, Installationen, Events und Workshops berichten. Dabei beinhalten ihre Arbeiten immer eine Spur des typisch holländischen Augenzwinkerns. Auch in ihrem wunderschönen, vorwiegend in Türkis- und Gelbtönen eingerichteten Haus, in dem sie mit ihrem Mann, ihren beiden Kindern und einigen Hühnern lebt, spürt man diesen Geist deutlich. Kaum eine Fläche ist zu finden, auf der nicht eine der drolligen Vogelzang'schen Illustrationen prangen – auf der Tür des Backofens heißt es beispielsweise „eet smakelijk", zu deutsch: „Guten Appetit."

In ihrem Garten befindet sich ein selbstgezimmerter Hühnerstall, dessen Bewohner türkisfarbene Eier legen. Den dazugehörigen Hahn hat sie neulich selbst geschlachtet. „Er war sehr aggressiv und hat meine Tochter verletzt. Ihn zurück zum Bauer zu bringen und danach Fleisch im Supermarkt zu kaufen, hielt ich für heuchlerisch." Man spürt, Marije hat ihren eigenen Kopf.

„Als Designerin bist du gewohnt, dass du etwas für Menschen machst, aber dass dieser es dann seinem Körper zuführt, ist für mich ziemlich unglaublich. Kein anderes Material kann dem Menschen so nah sein. Ich finde, Essen ist etwas sehr Intimes, eine sehr direkte und sinnliche Erfahrung."

WAS INSPIRIERT DICH? Essen und alltägliche Dinge. Kein Fine Dining, sondern das alltägliche Essen zu Hause. Oder ein Gang in den Supermarkt.

WO UND WIE ISST DU AM LIEBSTEN?
Mit meinen Händen. Aber wo? Alles Unkonventionelle ist schön. Mein Mann hat ein Segelboot. Es ist toll, Fisch zu fangen und mit unserem kleinen Grill, der speziell für Boote gemacht ist, den Fisch sofort zu grillen. Streetfood mag ich auch, zum Beispiel in Thailand oder Indien. Diese einfachen, primitiven Sachen sind toll. Ich liebe es auch, zu picknicken.

WAS IST DEIN LIEBLINGSGERICHT?
Ich habe Lieblingsgerichte zum Anrichten und welche zum Essen. So arbeite ich beispielsweise gern mit Wurzelgemüse. Ich mag es, etwas zuzubereiten, das man vorher nicht sehen kann. Zudem sind die Formen der Wurzeln sehr unterschiedlich und wenn man sie in Scheiben schneidet, haben sie so tolle Farben. Insgesamt mag ich eher die simplen Sachen, ich brauche keine teuren Zutaten.

Persönlich liebe ich frische Kräuter sowie saure, scharfe und asiatische Gerichte. Am liebsten frisch und leicht. Aber das ändert sich oft und hängt zum Beispiel vom Wetter ab.

Ich mag vor allem Essen, das sehr einfach ist und das ich in der Gegend finde, in der ich lebe.

WAS KOCHST DU FÜR DICH UND DEINE FAMILIE, WENN DU WENIG ZEIT HAST?
Einfache Dinge, wie Gemüse. Wir essen keine Kohlenhydrate. Das Gemüse kann roh, gedünstet oder gekocht sein, aber oftmals wird es gegrillt. Das Grillen gibt dem Essen zusätzlichen Geschmack. Ich mag an Gemüse, dass es eine größere Variation als Fleisch hat. Es gibt unterschiedlichste Formen, Farben, Größen, Erscheinungsformen und Geschmäcker.

WAS IST DEIN LIEBLINGSGEWÜRZ?
Kurkuma und Kardamom.

WAS MACHT DICH GLÜCKLICH?
Meistens bin ich durch meine Kinder glücklich, wenn sie nicht weinen *(lacht)*. Mein kleiner Junge ist wirklich süß, wenn er etwas Lustiges macht, ich dann lachen muss und er mich daraufhin umarmt. Das ist nichts Außergewöhnliches, aber ich mag die Einfachheit. Und pochierte Eier! Ich habe Eier von meinen eigenen Hühnern, wenn du die frisch isst, sind sie vorzüglich.

ZUCKERLÖFFEL

„Ich setze mich gern über das Verbot ‚Mit Essen spielt man nicht', hinweg. Die Zuckerlöffel schmelzen langsam in jedem heißen Getränk. So kann man selbst entscheiden, wie süß man seinen Tee oder Kaffee trinken möchte."

Für sehr viele Zuckerlöffel

1 kg Zucker

200 g Glukosesirup

Lebensmittelfarbe nach Belieben (flüssige, wasserlösliche Farbe oder Farbpuder vorher in etwas Wasser aufgelöst)

ca. 1 TL Zitronen- oder Weinsteinsäure

Den Zucker mit 600 ml Wasser und dem Glukosesirup bei niedriger Hitze langsam auf ca. 150 °C erhitzen. Damit sich der Zucker komplett und ohne Klumpen auflöst, die Zuckermasse so wenig wie möglich rühren. Die Zuckerkristalle, die sich am Rand des Topfes absetzen, vorsichtig mit einem feuchten, sauberen Pinsel entfernen. Den Schaum, der sich während des Erhitzens bildet, vorsichtig abschöpfen. Nach einer gewissen Zeit sollte kein Schaum mehr aufsteigen.

Nach Belieben Lebensmittelfarbe hinzugeben und vorsichtig einrühren.

Erreicht der Zucker die nötige Temperatur von 150 °C, den Topf vom Herd nehmen und die Zitronen- oder Weinsteinsäure dazugeben. Diese sorgt dafür, dass die Masse geschmeidig bleibt und der Zucker nicht so schnell kristallisiert.

Die Zuckermasse vorsichtig in die gewünschten Formen gießen. Vorsicht, bei diesem Vorgang Handschuhe tragen! Flüssiger Zucker wird sehr, sehr heiß! Anschließend fest werden lassen, dann aus der Form lösen.

*Genau das ist es,
was ich an Essen liebe:
Es ruft Erinnerungen ab,
die tief in unserem
Gedächtnis liegen und
die wir sonst nur sehr
selten wiederfinden würden.*

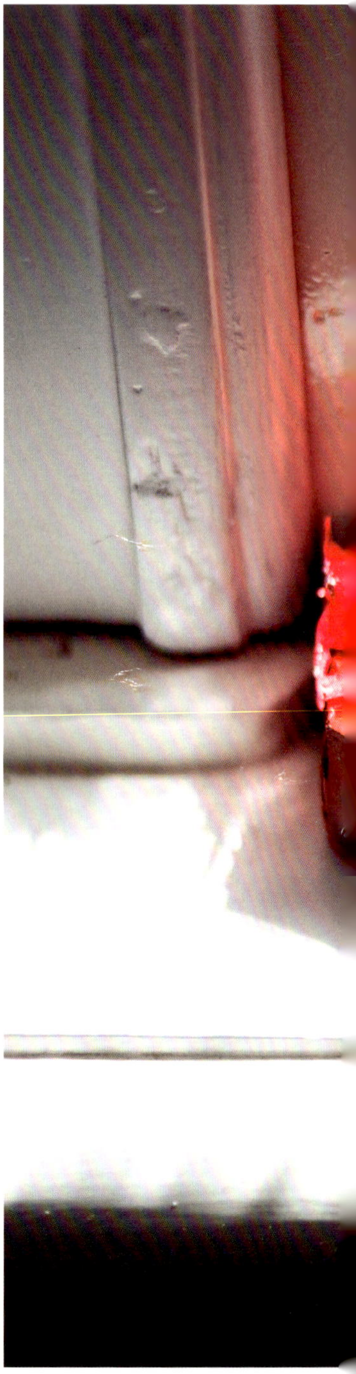

Die Zuckerpistole visualisiert
ganz gut, was Zucker mit dem Körper
anrichten kann.

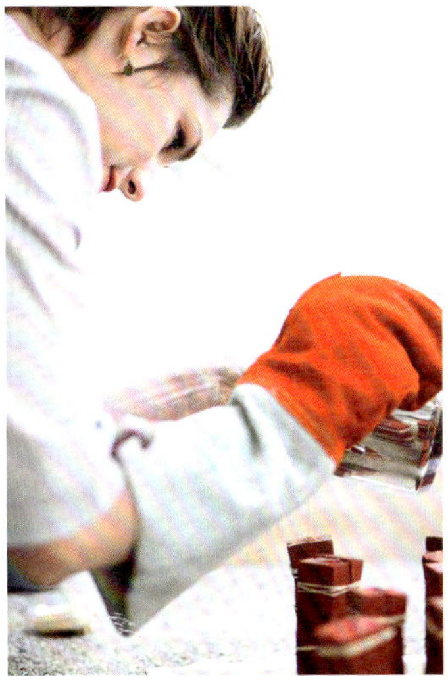

FLORIAN
Kantine Neun

Jeden Mittag strömen unzählige Menschen in die Markthalle Neun in Berlin-Kreuzberg, um sich dort in der Kantine Neun von Florian Kliem und seinem Küchenteam die knurrenden Mägen füllen zu lassen. Dabei wird bei den Gerichten, die in Berlin schon lange kein Geheimtipp mehr sind, nicht nur extrem Wert auf Frische und Saisonalität gelegt, sondern auch besonders auf Regionalität und Nachhaltigkeit. Die Bioprodukte von höchster Qualität stammen fast ausschließlich von Erzeugern aus der Region.

Florian ist im beschaulichen Mittelhessen aufgewachsen. Im großen Garten seiner Familie gab es viel frisches Obst und Gemüse und so hatte er schon immer eine Affinität zu Lebensmitteln. Ein erstes Praktikum in einer Restaurantküche hat aus der selbstverständlichen Kindheitserfahrung eine regelrechte Leidenschaft entstehen lassen und so arbeitete sich Florian früh von Küche zu Küche. Die Ausbildung zum Koch im Frankfurter Tigerpalast war dabei nur eine Zwischenstation auf dem Weg durch die Küchen einiger europäischer Sternerestaurants, bis er sich in Berlin niederließ. „Man lernt viel und intensiv beim Kochen in vielen Küchen, man reist auch viel herum. Irgendwann habe ich mich gefragt: Was kann ich mit meiner Erfahrung nun anfangen? Und Berlin ist eine gute Stadt, um Sachen auszuprobieren."

Dort traf er auf Julian Karnetzky. Mit ihm zusammen realisierte er die Idee, nicht für den Profit zu kochen, sondern schlichtweg des Kochens wegen – und für die Sensibilisierung der Gesellschaft für gutes, natürlich ökologisches und nachhaltiges Essen. Zunächst zogen sie mit einem kleinen Imbisswagen von Markt zu Markt und organisierten mit ihrem „Projekt Umdenken – Agentur für gesellschaftlichen Wandel" medienwirksame Veranstaltungen, bis sie 2012 in der Markthalle hängengeblieben sind.

Wie sich der Schwerpunkt entwickelt hat? „Na, weil's so selbstverständlich ist, eigentlich! Als Koch will ich, dass mich die Produkte begeistern und wenn du für ein Restaurant im Winter Tomaten bestellen musst, stehst du da und fragst dich, ob man die Tomate aus Spanien wirklich braucht. Was wächst denn eigentlich in der Region und was kann ich stattdessen verwenden? Ich arbeite gern mit guten Lebensmitteln und zwangsläufig stellt sich die Frage: Welche sind das eigentlich?" Für Florian sind gute Lebensmittel solche, die ökologisch angebaut werden: „Ohne jegliche Genveränderung, denn wie sollte die Tomate im Winter sonst reif werden?" –, ohne Pestizide oder unnötig hohen Wasserverbrauch. Gute Lebensmittel sind solche, die ohne die Ausbeutung anderer produziert werden und hinter denen keine großen Firmen stecken.

Vor allem der direkte Kontakt zu den Erzeugern ist ihm wichtig. Zum Einen wird dabei besprochen, was die Produzenten in der Region anbauen können. So werden auch alte Gemüsesorten, die nicht mehr modernen Anforderungen entsprechen oder bei denen es keine richtige Nachfrage mehr gibt, wieder kultiviert. Ziel ist es, wieder eine Lebensmittelvielfalt aufzubauen, die während der letzten Jahrzehnte zunehmend verloren gegangen ist. Zum Anderen geht es darum, dass das Feedback zur Ware und deren Qualität ohne Umwege bei den Erzeugern landet, um das Optimum eines jeden Produkts zu erhalten. „Außerdem ...", fügt Florian nach einer kurzen Pause ganz pragmatisch hinzu, „würde dir face to face keiner Scheiße verkaufen".

Nachhaltigkeit bedeutet in der Kantine Neun, dass auch Gemüse verarbeitet wird, das sonst entsorgt werden würde, weil es nicht der Norm entspricht oder aus Überproduktion stammt. Mit Pilotprojekten wie „Ei-care" beispielsweise gibt es eine nachhaltige Alternative zur vorherrschenden Eier- und Geflügelfleischproduktion: Es werden sogenannte Zweinutzungshühner gezüchtet – Hühner, die sowohl Eier als auch Fleisch liefern. Zur Nachhaltigkeit gehört in der Kantine aber auch so etwas wie eine Gemeinwohl-Ökonomie. „Hier verdient vom Tellerwäscher bis zum Koch jeder exakt dasselbe. Wir arbeiten immer gemeinsam für den anderen."

Das nächste Ziel wäre für Florian, aus der Kantine ein Abendrestaurant zu machen: „Bisher servieren wir hier ja eher ‚schnelles Essen' für Leute, die zwar gut und gesund essen, aber trotzdem schnell satt werden müssen. Doch um unser wirkliches Anliegen zu vermitteln, brauchen wir Zeit." Zeit, um sich mit dem Essen auseinanderzusetzen. Zeit, um darüber zu sprechen, was serviert wird. Zeit, um einen Bezug herzustellen, damit man verantwortungsbewusst genießen kann, und Zeit, um von Florian zu lernen, wie einfach und wunderbar es ist, mit dem zu kochen, was da ist.

WAS IST DIE BESTE GESCHMACKSKOMBINATION, DIE DU KENNST? Da habe ich keine. Zumindest wäre das nicht ehrlich. Ich mag so viele Geschmackskombinationen. Aber sagen wir mal so: Geschmack an sich finde ich toll! Durch dieses ganze Einheitsgeschmacksding bei Fertigprodukten ist die Geschmacksvielfalt verloren gegangen.

WAS KOCHST DU, WENN ES SCHNELL GEHEN MUSS? Eintöpfe! Ich bin ein großer Freund von Eintöpfen! Alles klein schneiden, Wasser dazugießen, Deckel drauf, fertig! Nach 10 bis 15 Minuten hast du etwas extrem Gutes und Sättigendes!

WO UND WIE ISST DU AM LIEBSTEN? Am liebsten esse ich im Restaurant. Gesetzt, in einem schönen Umfeld, wo man das Essen richtig zelebrieren kann.

WAS MACHT DICH GLÜCKLICH? Gutes Essen und ehrliche Produkte, mehr brauche ich nicht! Wenn ich abends mit meiner Tochter zusammensitze und wir essen Abendbrot mit Wurst und Käse, die wir frisch auf dem Markt gekauft haben, mit einem frisch gekelterten Saft – wenn ich dann noch von den Produkten überzeugt bin, dann macht mich das glücklich.

WAS GEHÖRT FÜR DICH ZU EINEM PERFEKTEN ESSEN? Guter Wein und gute Leute!

HAVELZANDER MIT ASIATISCHEM WALDORFSALAT UND GELEE VON DER SPREEWALDGURKE

Als Vorspeise für 6 Personen

Für das Gelee von der Spreewaldgurke

einige Saure Gurken (z. B. Spreewaldgurken) mit etwas Gurkenwasser

1 Schuss Apfelessig

frischer Dill nach Belieben

Agar-Agar (1 g pro 100 ml Flüssigkeit)

Für das selbstgemachte Currypulver

1 TL Koriandersaat

1 TL Ingwerpulver

1 TL Kreuzkümmel

1 TL Kurkuma

1 Msp. Chilipulver

1 Lorbeerblatt

1 TL Pimentkörner

2 Gewürznelken

1 Msp. gemahlener Zimt

Für den asiatischen Waldorfsalat

1 Knolle Sellerie

1 Apfel

2–3 EL Apfelessig

Salz

Pfeffer

1 TL Honig

einige Haselnusskerne

1 EL Koriandersaat

Zucker

Für die Mayonnaise

1 Eigelb

1 TL Senf

ca. 200 ml Pflanzenöl

Apfelessig

Salz

Pfeffer

2 EL Quark

Außerdem

2 Havelzanderfilets

Öl zum Braten

Für das Gelee die Gurken grob kleinschneiden und mit etwas Gurkenwasser, dem Apfelessig und Dill in einen Messbecher geben.

Alles zu einer glatten Flüssigkeit pürieren, sodass keine großen Stücke mehr vorhanden sind.

Die Mischung in einen Topf geben und je nach Flüssigkeitsmenge entsprechend Agar-Agar einrühren. Alles zum Kochen bringen. Auf ein Blech oder in eine flache Form verteilen und zum Abkühlen in den Kühlschrank stellen. Das Gelee sollte nicht zu hoch eingefüllt werden, sondern nur ca. 2–3 mm, sodass dünne Scheiben herausgeschnitten werden können.

Für das Currypulver alle Zutaten in einem Mörser oder in der Küchenmaschine fein mahlen. Anschließend durch ein feines Sieb streichen. In einem verschlossenen Glas hält sich das Currypulver ca. 6 Monate.

Für den Waldorfsalat den Sellerie schälen und beispielsweise mit der Aufschnittmaschine in feine Streifen schneiden.

Den Apfel ebenfalls schälen, das Kerngehäuse entfernen und das Fruchtfleisch in feine Streifen schneiden. Sellerie und Apfel mit Apfelessig, Salz, Pfeffer und etwas Honig in einer Schüssel vermengen und beiseite stellen.

Die Haselnusskerne im Mörser fein mahlen. Die Koriandersaat in einer Pfanne mit etwas Zucker anrösten und leicht karamellisieren lassen. Zum Abkühlen auf einen Teller geben, dann mit einer Gabel vorsichtig zerdrücken.

Für die Mayonnaise in einer Schüssel das Eigelb mit dem Senf verrühren. Langsam und unter ständigem Rühren mit einem Schneebesen das Öl dazugießen. Solange Öl zugeben, bis eine sehr feste, helle Masse entsteht. Zum Schluss mit Apfelessig, Salz und Pfeffer abschmecken.

Die Flüssigkeit von dem Sellerie-Apfel-Salat abgießen. Quark und dieselbe Menge Mayonnaise, die Haselnuss-Koriander-Mischung sowie Currypulver nach Belieben zu einem Dressing verrühren. Unter den Sellerie-Apfel-Salat mischen. Mit Salz und Pfeffer abschmecken.

Die Zanderfilets in der Pfanne in etwas Öl anbraten und mit Salz und Pfeffer würzen.

Den Waldorfsalat auf Tellern anrichten. Ein Stück Fischfilet darauflegen und mit einer Scheibe Gurkengelee garnieren.

COQ AU VIN VOM ZWEITNUTZUNGSHUHN MIT KÜRBIS UND KARTOFFELMUFFIN

Am besten schmeckt das Huhn, wenn es vorher 24 Stunden mariniert wurde.

Als Hauptgang für 6 Personen

Für Coq au Vin

1 Zweinutzungshuhn, küchenfertig

Mehl zum Wenden

1 Zwiebel, grob geschnitten

100 g Speck, grob geschnitten

Pflanzenöl zum Braten

1–2 Karotten

1 Stück Knollensellerie

1 Handvoll gemischte Pilze

1 Zweig Rosmarin

einige Thymianzweige

2 Knoblauchzehen

1 EL Tomatenmark

Piment

einige Wacholderbeeren

1 Lorbeerblatt

einige Pfefferkörner

Meersalz

1 Flasche Rotwein (aus der Region, in meinem Fall vom Klosterhof Töplitz)

Für das Kürbispüree

1 Zwiebel

1 Stück Knollensellerie

Butter zum Braten

1 mittelgroßer Kürbis

1 Schuss Weißwein

100–200 ml Sahne

Salz

Pfeffer

Honig

Für den Kartoffelmuffin

300 g vorwiegend festkochende Kartoffeln, gekocht

Olivenöl zum Braten

ca. 250 g Mehl

2 Eier

200 ml Milch

Salz

Pfeffer

geriebene Muskatnuss

Currypulver

Mehl und Butter für die Sauce

Das Huhn in Stücke zerteilen und in etwas Mehl wenden.

Speck und Zwiebel in einem gusseisernen Topf in etwas Öl anbraten. Karotten und Sellerie putzen und grob hacken. Dann mit den Pilzen zum Speck und den Zwiebeln geben und ebenfalls anbraten. Etwas Öl nachgießen. Rosmarin, Thymian und Knoblauch dazugeben.

Das Tomatenmark in den Topf geben und etwas mitrösten. Mit 1 Prise Piment, Wacholderbeeren, Lorbeer, Pfefferkörner und Meersalz würzen. Alle Zutaten aus dem Topf in eine Schüssel geben und beiseite stellen. In den Topf erneut etwas Öl gießen und darin die Hühnerteile von allen Seiten gut anbraten, dann vom Herd nehmen. Das Gemüse wieder dazugeben und den Wein dazugießen. Das Huhn 24 Stunden ziehen lassen.

Für das Kürbispüree Zwiebel und Sellerie in Würfel schneiden. In einem Topf in Butter andünsten. Den Kürbis schälen, ebenfalls in Würfel schneiden und dazugeben. Mit etwas Weißwein ablöschen und zwar genau dann, wenn die Butter anfängt leicht zu bräunen. Wasser angießen und den Kürbis gar kochen. Wichtig ist, dass der Kürbis nicht ganz mit Flüssigkeit bedeckt ist. Ab und zu umrühren, damit der Kürbis gleichmäßig gart. Die Flüssigkeit soll am Ende fast vollständig reduziert sein, sonst wird das Püree zu wässrig.

Sobald die Flüssigkeit verdampft ist, den Kürbis mit der Sahne zu einem cremigen Püree verarbeiten. Mit Salz, Pfeffer und Honig eher süß als salzig abschmecken.

Für den Kartoffelmuffin den Großteil der Kartoffeln zu einem Püree verarbeiten. Den Rest in feine Würfel schneiden und in Olivenöl anbraten.

Den Backofen auf 180 °C vorheizen. Aus Mehl, Eiern und Milch einen Rührteig herstellen. Mit Salz, Pfeffer, Muskat und 1 Prise Curry würzen. Das Kartoffelpüree und die Kartoffelwürfel dazugeben. Bei Bedarf mit etwas Milch glatt rühren.

Den Teig in eine gefettete Form geben und im Ofen backen.

Für das Huhn den Backofen auf 180 °C vorheizen. Das Huhn samt Marinade in einem ofenfesten Bräter auf den Herd stellen, zum Kochen bringen, dann im Backofen garen. Wenn die Hühnerteile fertig sind, aus der Sauce nehmen und im Ofen unter dem Grill knusprig braten.

In einem Topf eine Mehlschwitze herstellen. Dafür etwa 2 Esslöffel Butter bräunen und 1 Esslöffel Mehl einrühren. Die Sauce vom Huhn dazugeben, aufkochen, anschließend durch ein Sieb passieren.

Coq au Vin mit Kürbispüree, Kartoffelmuffin und Sauce servieren.

STRUDEL VOM WILDEN APFEL MIT SCHOKOLADENSCHAUM UND ROTKOHLPESTO

Als Dessert für 6 Personen

Für den Schokoladenschaum

250 ml Sahne

50 g Zucker

150 g Schokolade (85 % Kakao)

4 Eigelb

Für das Rotkohlpesto

¼ Kopf Rotkohl

2 EL Walnusskerne

2 EL Haselnusskerne

Salz

Pfeffer

Honig

geriebene Muskatnuss

Für den Apfelstrudel

750 g Äpfel alter Sorten (frisch aus dem Garten)

1 EL Honig

1–2 EL Rum

100 g fein gehackte Nusskerne (z. B. Haselnuss)

100 g Rosinen

1–2 EL Butter

450 g frischer Blätterteig

Die Sahne mit dem Zucker in einem Topf erwärmen. Die Schokolade hacken und dazugeben, dann zum Kochen bringen. Die Eigelbe in einer Schüssel glatt rühren.

Die kochende Sahne direkt zu den Eigelben gießen und zügig umrühren. Die Masse in einen Sahnebereiter geben und kalt stellen.

Den Rotkohl klein schneiden und mit 120 ml Wasser und den Nüssen in ein hohes Gefäß geben. Mit Salz, Pfeffer, Honig und Muskat nach Belieben würzen, dann mit einem Pürierstab fein pürieren. Anschließend nochmals abschmecken.

Für den Apfelstrudel die Äpfel klein schneiden und mit Honig, Rum, Nüssen und Rosinen vermischen.

Die Butter in einem Topf leicht bräunen. Die Flüssigkeit der Äpfel zu der Butter geben und reduzieren. Dann die Reduktion wieder zu den Äpfel geben und unterrühren.

Den Backofen auf 190 °C vorheizen. Den Blätterteig zu einem ca. 20 x 35 cm großen Rechteck ausrollen. Die Apfelmischung auf dem Blätterteig verteilen und alles zu einem Strudel aufrollen. Den Strudel im Backofen goldbraun backen.

Den Schokoladenschaum auf Teller sprühen. Mit einem runden Ausstecher Kreise aus dem Strudel stechen und auf dem Schaum anrichten. Am Rand des Tellers etwas Rotkohlpesto verteilen und servieren.

die küche
Effilee

VIJAY
Effilee

Durch das Küchenfenster von Vijay Sapre blicken wir gemeinsam auf den Elbstrand, der von den ersten Sonnenstrahlen in ein warmes Licht getaucht wird. Doch nicht nur die Aussicht ist beeindruckend, sondern auch der altmodische, rote, alles beherrschende Ofen in der Mitte des Raumes, der das Herzstück einer sonst sehr funktional anmutenden Küche bildet. „Das Haus und die Küche wurden sozusagen um den Ofen herum gebaut. Er wurde buchstäblich mit einem Kran durch das Dach in den Raum gelassen." Das Besondere an diesem Gerät? „Die Glühplatte: Die Feuerstelle ist links, wodurch es da viel heißer wird als rechts. So kocht man, indem man die Töpfe hin- und herschiebt, statt die Hitze rauf- oder runter zu drehen. Aber da die Leistung des Ofens höher ist als die der Hausheizung, kochen wir doch wieder nur auf zwei Platten."

Aber der Reihe nach. Vijay, dessen Vater Inder und dessen Mutter Deutsche ist, studierte Theologie und Philosophie, hielt sich mit Taxifahren über Wasser und wollte als Rockstar erfolgreich werden. Gemeinsam mit einem Freund entwickelte er in den 1990er-Jahren das Autoportal mobile.de, das schnell sehr erfolgreich wurde. „Aber manchmal ist es leichter, mit Misserfolgen umzugehen, als mit Erfolg. Irgendwann haben wir uns deshalb entschieden, das Unternehmen zu verkaufen. So war ich mit Mitte 40 plötzlich Privatier."

Und dann? Nach einer ersten Zeit des Nichtstuns wurde er unruhig. „Keine richtige Aufgabe zu haben, ist nichts für mich." So folgte er seiner Leidenschaft – dem Kochen. „In unserer Familie wurde immer viel und gut gekocht. Ich kann mich nicht erinnern, dass meine Mutter jemals Fertigprodukte verwendet hat. Mein Bruder und ich haben ebenfalls früh am Herd gestanden. Das prägt. Auch als ich Single war, war das nie ein Grund, nichts Ordentliches auf den Tisch zu bringen. Darin wollte ich investieren."

Er begann ein Praktikum bei Sternekoch Gutbert Fallert im Schwarzwald, um seine Leidenschaft in der Praxis zu testen.

Da er für eine Karriere als Koch zu alt gewesen wäre, gründete er das Esskultur-Magazin „Effilee". „Online ist ein schnelles, aber eben nicht besonders sorgfältiges Medium. Kochen dagegen, besonders das avancierte Kochen, hat unheimlich viel mit Perfektion und Hingabe zu tun. Wie ein Gericht schmeckt, hängt fast nur davon ab, wieviel Sorgfalt und Liebe jemand reingesteckt hat. So hatte ich einfach große Lust, etwas zu machen, was man mit eben dieser Sorgfalt macht und was man anfassen kann – wie ein Heft."

Der wohlklingende französische Name beschreibt gerupftes Geflügel, das bis auf den Darm noch nicht ausgenommen ist und an dem noch Kopf und Füße dran sind. „Eigentlich fiel die Wahl auf diesen Namen, weil wir dachten, dass keiner weiß, was es bedeutet. Und es ist einfacher, einen offenen Namen mit Persönlichkeit zu füllen."

Dass in ihm ein kulinarisches Feuer brennt, kann man nicht nur an der Liebe zu seinem Magazin erkennen, sondern auch an den vielen kleinen Geschichten, die ihn und seine Küche, in der wie selbstverständlich Hightech-Laborgeräte neben Kellogg's Smacks stehen, umgeben: Am Wochenende backt er für seine Nachbarn Croissants, die er sich extra von einem befreundeten französischen Pâtissier hat zeigen lassen. Als ihm ein befreundeter Schäfer ein ganzes Lamm anbot, konnte er nicht umhin, es selbst auseinanderzunehmen. Auch, dass er uns die Teigschüssel zum Auslecken reicht, gehört für ihn dazu.

Was ihn am Thema Kochen fasziniere? „Der sehr direkte Zugang in die Seele. Daher führe ich alle wichtigen Besprechungen am liebsten beim Essen durch, was die Hanseaten nicht verstehen. Außerdem das Handwerkliche. Ich mag es, nah an Sachen ranzukommen", erzählt er, während noch ein paar Schuppen des zuvor ausgenommen Loup de Mer auf seiner Kleidung glitzern.

WAS KOCHST DU AM HÄUFIGSTEN?
Nudeln. Gern und viel. Oft selbstgemacht und am liebsten einfach nur mit Butter. Ich habe aber auch immer einen Topf Tomatensauce im Kühlschrank. Eine zeitlang hab ich dauernd Pizza gemacht, weil ich so ein geniales Rezept für Pizzateig hatte, da schmeckte die Pizza „wie echt".

WOVON KANNST DU NIE GENUG BEKOMMEN? Von Wein und Bier *(lacht)*.

WAS IST DEIN LIEBLINGSGEWÜRZ?
Eine zeitlang war es Kreuzkümmel. Im Moment ist es Zitronenschale. Was ich gerade fast überall reinmische, ist Fischsauce. Die Menge muss allerdings unterhalb der Wahrnehmungsgrenze sein. Sie gibt einen Kick, den man sonst so nicht hinbekommt. Ansonsten finde ich es spannend, dass man mit Gewürzen dasselbe Basisgericht unterschiedlich „anmachen" kann. Pack Fischsauce und Limette rein und es schmeckt nach Thaiküche. Kochst du eingelegte Zitrone mit, kriegt dein Gericht einen arabischen Touch.

WAS IST DEIN LIEBLINGSESSEN?
Schweinebauch. Und ich freue mich, wenn es Flusskrebse gibt, die man *(fügt er lachend hinzu)* auch bestimmt super mit Schweinebauch kombinieren kann!

WAS WAR DEINE LETZTE GESCHMACKS-ÜBERRASCHUNG? Was mich sehr beeindruckt hat, war dieses Fleisch aus dem Baskenland. Dabei handelt es sich um Fleisch von „alten" Kühen. Normalerweise werden Tiere ja mit maximal dreieinhalb Jahren geschlachtet. Doch diese Tiere haben ein bis drei Mal gekalbt und sind bis zu 18 Jahre alt. Das gibt es nur noch ganz selten auf kleinen Höfen. Das Fleisch wird außen nahezu schwarz und innen fast roh gegessen, dazu kommen Kräuter und Salz. Es hat eine gelbe buttrige Fettschicht und schmeckt – im Gegensatz zu unseren Erwartungen – überhaupt nicht zäh, sondern sehr aromatisch. Das ist wirklich sensationell gut. Da braucht man sonst nichts mehr. Dass Fleisch so schmecken kann!

Was ich am Kochen liebe, ist der sehr direkte Zugang in die Seele. Außerdem das Handwerkliche. Ich mag es, nah an Sachen ranzukommen.

Zur Zeit mische ich fast überall Fischsauce rein, die Menge muss aber unterhalb der Wahrnehmungsgrenze sein. Sie gibt einen Kick, den man sonst nicht so hinkriegt.

SCHWEINEBAUCH MIT AUSTER, EINGELEGTEM BLUMENKOHL UND KIMCHI

„Die koreanische Küche liegt allgemein im Trend, weil sie so derb und herzhaft ist. Ich liebe diese Kombination: Austern mit Schweinefleisch, das ist echt koreanisch. Und dieses Kimchi ist die genialste Geschichte überhaupt! David Chang sagte mal, dass er sich kein Rezept vorstellen könne, das nicht durch Schweinebauch gewinnen würde. Dieses Gericht ist eigentlich für eine größere Gruppe konzipiert. Man verteilt es auf große Teller, stellt diese auf den Tisch und jeder wickelt sich seine Zutaten in ein Salatblatt ein.“

Als Vorspeise für 4 Personen

Für den Schweinebauch

200 g Schweinebauch
1 Sternanis
1 kleine Chilischote
1 kleines Stück Ingwer
1 Knoblauchzehe, angedrückt
4 EL Sojasauce
4 EL Mirin (süßer Reiswein)
Salz
Zucker

Für den Blumenkohl

einige Blumenkohlröschen
1 Knoblauchzehe
1 EL Kochu Karu (koreanische Chiliflocken, alternativ türkisches Chiligewürz Pul-Biber)
50 ml heller Essig
1 TL Salz
1 EL Zucker

Zum Anrichten

4 große Austern (Gillardeau)
100 g Kimchi
4 Blätter Romanasalat
japanische Kresse

Den Schweinebauch mit Sternanis, Chili, Ingwer, Knoblauch, Sojasauce und Mirin in einem Plastikbeutel vakuumieren. Bei 74 °C mindestens 12 Stunden in einem Wasserbad garen. Alternativ Anis, Chili, Ingwer, Knoblauch mit etwas Sojasauce, Mirin, 1 Prise Salz sowie Zucker im Mörser zu einer Paste zerreiben. Den Schweinebauch damit einreiben und ca. 12 Stunden bei 130 °C im Backofen garen. Gelegentlich mit etwas Sojasauce und Mirin (Verhältnis 1:1) übergießen.

Den Blumenkohl zu Röschen zerpflücken, die Knoblauchzehe zerdrücken und mit dem Kochu Karu vermengen. Den Essig mit der doppelten Menge Wasser vermischen. Salz und Zucker darin auflösen. Den Blumenkohl darin mindestens 1 Tag marinieren. Er hält sich 1–2 Wochen.

Die Austern öffnen und bei Bedarf putzen. Den Schweinebauch aufschneiden und zusammen mit Blumenkohl und etwas Kimchi auf einem Salatblatt anrichten. Mit Kresse garnieren. Das Salatblatt zusammenrollen und alles mit der Hand essen.

LOUP DE MER AUS DEM BANANENBLATT MIT REIS UND CURRY

Durch das Einwickeln in das Bananenblatt erhält der Fisch eine leichte Bananennote und wird so zart, dass er fast auseinanderfällt.

Als Hauptgang für 4 Personen

4 Loup de Mer (Wolfsbarsch)
1 Stück Zitronengras
einige grüne oder schwarze Pfefferkörner
1 daumengroßes Stück Ingwer, geschält und gehackt
1 Knoblauchzehe, geschält und gehackt
einige frische Chilischoten
2–3 EL Fischsauce
einige Bananenblätter
ca. 350 g Klebreis
nach Belieben frisches Gemüse (z. B. Paprika, Gemüsezwiebel, Tomaten, grüner Spargel, Shiitakepilze)
milde Currypaste
250 ml Kokosmilch
2 Limetten
Koriandergrün

Den Backofen auf 200 °C vorheizen. Den Fisch bei Bedarf ausnehmen und schuppen. Mit einem scharfen Messer das Fischfleisch einschneiden. Aus Zitronengras, Pfeffer, Ingwer, Knoblauch, nach Belieben Chili und Fischsauce im Mörser eine Paste bereiten und in die Schnitte einmassieren. Die Fische in die Bananenblätter einwickeln und mit Küchengarn festbinden. Im Ofen 25–30 Minuten garen.

Den Reis nach Packungsanweisung ohne Salz kochen.

Das Gemüse putzen, waschen, klein schneiden und im Wok scharf anbraten. Nach Geschmack Currypaste dazugeben und mit Kokosmilch ablöschen.

Ist der Fisch fertig gegart, aus dem Ofen nehmen. Die Limetten in Spalten schneiden. Das Bananenblatt aufschneiden und den Fisch darin servieren. Reis und Gemüsecurry separat dazu servieren. Mit Limettenspalten und Koriander garnieren.

ZITRONENTARTE

„Das Rezept habe ich von meinem Bekannten Pierre, einem Pâtissier aus Paris, gelernt."

Für 3 Tartes (Ø 24 cm)

Für den Pâte Sablée aux Amandes (Mandel-Mürbeteig)

140 g Butter und Butter für die Form

1 Prise Salz

75 g Puderzucker

25 g gemahlene Mandeln

Mark von ½ Vanilleschote

1 kleines Ei

200 g Mehl (Type 550)

Butter, Salz, Puderzucker, Mandeln und Vanille in der Küchenmaschine bei niedriger Stufe verrühren. Anschließend die Eier unterrühren. Zuletzt das Mehl dazugeben und alles leicht weiterrühren. Sobald der Teig homogen ist, die Küchenmaschine ausschalten. Den Teig nicht überkneten.

Den Teig in Frischhaltefolie einschlagen und möglichst 24 Stunden im Kühlschrank ruhen lassen.

Den Backofen auf 160 °C vorheizen. Den Teig 4 mm dünn ausrollen und eine gefettete Tarteform damit auslegen. Mit Backpapier abdecken und Hülsenfrüchte zum Blindbacken darauf verteilen. Im Ofen ca. 20 Minuten backen. Der Teig soll dabei hell bleiben. Den Tarteboden herausnehmen, Backpapier sowie Hülsenfrüchte entfernen und abkühlen lassen.

Für die Zitronencreme

3 Bio-Zitronen

175 g Butter

120 g Zucker

2 Eier

1 Päckchen klarer Tortenguss

Für die Zitronencreme 2 Zitronen heiß waschen, dann zunächst dünn abschälen und die Schale beiseite stellen. Alle Zitronen auspressen, 120 ml Saft abmessen.

Die Butter in Würfel schneiden und in eine Schüssel geben.

Den Zitronensaft mit dem Zucker, der Zitronenschale und den Eiern in einem schweren Topf unter Rühren aufkochen lassen. Bei niedriger Hitze 2–3 Minuten ziehen lassen, dabei weiterrühren.

Die Zitronenmischung durch ein Sieb auf die Butter gießen und mit dem Schneebesen gut verrühren.

Die Creme auf den vorgebackenen Mürbeteigboden geben und mindestens 1 Stunde im Kühlschrank ruhen lassen.

Den klaren Tortenguss nach Packungsanweisung zubereiten und auf der Tarte verteilen. Vor dem Servieren fest werden lassen.

MARJAN
Food Trends

Es ist ein sonniger Septembermorgen an einer von Amsterdams berühmten Grachten. Wir sitzen auf einem Floß, der „Terrasse" des Hausbootes von Marjan Ippel, das im plätschernden Wasser gemütlich vor sich hin schwankt. Unsere Gastgeberin ist eine charmante und eloquente Dame im Businessoutfit – ganz so, wie man sich eine Journalistin vorstellt. Dabei strahlt sie – auch das entspricht unseren Vorstellungen – eine unglaubliche Ruhe und Belesenheit aus: Marjan entdeckt und analysiert Food-Trends und schreibt über die neuesten Entwicklungen in Bezug auf Essen und Kochen in Büchern, Magazinen und auf ihrer in ganz Holland bekannten Website.

Die Küche des Hausbootes, in dem jeder Kubikzentimeter genutzt wird, befindet sich eine halbe Ebene nach unten versetzt. „Mein Mann hat alles selbst entworfen!", sagt sie und verschwindet immer wieder in der Vorratskammer, von der man meinen könnte, sie reiche bis auf den Grund des Kanals. In diesem Raumwunder steht sie nun und bereitet für uns ihr Lieblingsgericht, flämische Pommes Frites, zu. Eigentlich sei sie gar keine Köchin, erzählt sie, während sie die Kartoffeln schält. Sie koche eher intuitiv. Das habe sie auch mit ihrer Schwiegermutter, Oma Rozeken, gemein, von der das Rezept für die perfekten Pommes Frites stamme. Das Geheimnis sei nämlich, die Kartoffeln nach dem Schneiden und Trocknen zu blanchieren. Dadurch wird der Kartoffel ein Teil der Stärke entzogen und sie wird ganz besonders knusprig. Auch der prominente britische Koch Heston Blumenthal kam zu einem ähnlichen Ergebnis. „Ich finde es witzig, dass man als ungelernter Koch, der alles mit Herz macht, zu den gleichen Ergebnissen kommt wie ein Molekularkoch im Labor."

Ursprünglich schrieb sie als Journalistin über Lifestyle-Themen. „Aber ich hatte immer eine besondere Liebe zum Essen. Mein Ehemann ist ein sehr guter Koch und ich habe ihm immer gern zugeschaut und viel gelernt. Irgendwann dachte ich mir, ich sollte vielmehr über etwas schreiben, was mich schon immer interessierte. Dieser Schritt hat mein Leben komplett umgekrempelt." Im Gegensatz zu klassischen Restaurantkritiken ist in ihren Kolumnen der Geschmack der Gerichte oft Nebensache. „So habe ich immer auf Essen geschaut, denn meiner Ansicht nach ist Essen ein Signal von etwas anderem. Ich frage immer: Warum habe ich das gerade auf meinem Teller? Wo kommt es her, wie wird es sich weiterentwickeln? Warum ist es hip und was sagt es über die Entwicklung der Gesellschaft aus?"

Dass Kochen sich einer immer größeren Popularität erfreut, sei auch ein gesellschaftlicher Entwicklungsprozess, der aus der Erkenntnis geboren wurde, dass sich etwas in der Welt ändern muss: „Ich denke, dass wir viele, viele Probleme auf der Welt haben und diese den Leuten immer bewusster werden. Leider sind die meisten Probleme zu groß für den Bürger. Das gibt uns ein unmächtiges Gefühl. Aber mit der Wahl der Produkte, wo du dein Essen einkaufst und wie du es zubereitest, kannst du und kann jeder Einzelne eine Veränderung herbeiführen. Auch aufgrund der ganzen Lebensmittelskandale wollen wir wissen, woher unsere Lebensmittel kommen und was in unserem Essen ist. Deswegen haben wir wieder damit begonnen, unser Essen selbst zu machen und lassen es nicht mehr von den großen Konzernen der Foodindustrie zubereiten."

Ob das Kochen mit einfachen, aber sehr hochwertigen Zutaten auch ein Trend sei? Zumindest hat Marjan eine Vorliebe dafür. „Die Zutaten, die ich für mein Menü ausgewählt habe, sind allesamt meine Lieblingszutaten. Wie zum Beispiel Salz. Alle reden davon, es zu reduzieren, bei Fabrikprodukten trifft das auch zu, aber wir benötigen gutes, natürliches Salz. Ich mochte Salz schon immer und auch, was es mit Lebensmitteln macht. Bei mir gibt es heute Radieschen mit Butter und frischem Brot, denn es gibt nichts Besseres, als frisches Brot mit Butter. Am liebsten esse ich deutsches Brot. Der Teig geht sehr lange und dadurch bekommt es eine hohe Feuchtigkeit und eine schöne Kruste."

WAS KOCHST DU, WENN ES SCHNELL GEHEN MUSS? Ich habe zwei Kinder, also habe ich nie viel Zeit. Ich mache dann eine Suppe oder Pasta. Ich bin nicht der Typ für ein 16-Gänge-Menü.

DEIN LIEBLINGSGEWÜRZ? Schwarzer Pfeffer.

WAS WAREN DIE TYPISCHEN GERICHTE DEINER KINDHEIT? Die komplett hausgemachten Pommes Frites, Hachée (ein Eintopf mit Fleisch und viel Zwiebeln) und deutsche Bratkartoffeln! Alles sehr einfache Gerichte, aber genau so liebe ich es.

WAS IST DEINE LIEBSTE GESCHMACKSKOMBINATION? Es sollte salzig sein. Ohne Salz gibt es keinen Geschmack. Ich mag gesalzene Butter. Den Kontrast der Konsistenzen, also das Cremige der Butter und das „Crunchige" des Salzes.

WAS BRAUCHST DU FÜR EIN PERFEKTES ESSEN? Gute Freunde.

WO UND WIE MAGST DU AM LIEBSTEN ESSEN? Hier auf dem Floß.

DEIN LIEBSTES KÜCHENUTENSIL? Mein alter Teekocher. Das ist der erste und oftmals der letzte Gegenstand, den ich jeden Tag in der Küche in der Hand habe.

ERINNERST DU DICH AN DIE LETZTE GESCHMACKLICHE ÜBERRASCHUNG? Vor ein paar Monaten war ich in China mit einem „Tea-Traveller" unterwegs und wir haben einige Teeplantagen besucht. Dort gibt es kleine Restaurants, die saisonales Essen für die Plantagenarbeiter zubereiten. Das Außergewöhnlichste, das ich dort gegessen habe, waren eingelegte wilde Blumen von einem Baum. Sie sahen wie Orchideen aus und während man sie gegessen hat, konnte man auf die Blüten an den Bäumen schauen. Das hat unglaublich geschmeckt.

WAS MACHT DICH GLÜCKLICH? Reisen. Und das Essen der Länder zu essen, in denen ich mich gerade befinde.

30-SEKUNDEN-MAYONNAISE

Für 4 Personen

1 Ei

1 TL Essig oder Zitronensaft

etwas Senf

150 – 200 ml Sonnenblumenöl

Pfeffer

Salz

Die Zutaten in eine Schüssel geben. Die Quirle des Handrührgeräts auf dem Schüsselboden aufsetzen. Das Gerät einschalten und langsam durch die Mischung nach oben ziehen. Diesen Vorgang zwei bis drei Mal wiederholen. In 30 Sekunden entsteht so die perfekte Mayonnaise.

OMA ROZEKENS FLÄMISCHE FRITTEN

„Ich habe in meinem Leben keine besseren Pommes Frites kennengelernt als die von Oma Rozeken, die kürzlich mit 94 Jahren starb. Vor mehr als 50 Jahren arbeitete sie als Köchin in verschiedenen Hotelrestaurants in Antwerpen. Oma Rozeken hatte nie eine Kochlehre gemacht, sondern arbeitete intuitiv. Heston Blumenthal, der 3-Sterne-Molekularkoch aus Bray in England, untersuchte bis auf Molekularebene, wie Pommes Frites ihre Knusprigkeit bekommen. Nach vielen Versuchen kam er zum selben Ergebnis, das Oma Rozeken schon intuitiv wusste. Man muss die überschüssige Stärke der Pommes Frites entfernen. Dafür dämpft Blumenthal die frisch geschnittenen Kartoffeln, während Oma Rozeken sie aus dem gleichen Grund blanchiert.“

Für 4 Personen

1 kg nicht zu junge, mittelgroße festkochende Kartoffeln mit wenig Stärke (nur die besten Kartoffelsorten verwenden, in Holland sind das Agrai oder Friesländer, in Deutschland z. B. Hela oder Clivia).

Erdnussöl oder Kokosfett zum Frittieren

Salz

Die Kartoffeln schälen und in dünne Stifte schneiden. Anschließend mindestens 1 Minute in kochendem Wasser blanchieren. Gründlich trocken tupfen und komplett abkühlen lassen, am besten über Nacht im Keller oder Kühlschrank. Dass Pommes Frites Fast Food seien, stimmt nicht. Sie sind eindeutig Slow Food!

Das Öl in einem Topf oder in einer Fritteuse auf 150 – 160 °C erhitzen. Die Pommes darin zum ersten Mal frittieren. Anschließend komplett auskühlen lassen.

Die Pommes in kleinen Portionen ein zweites Mal bei 180 °C frittieren. Dann salzen und in einer Schüssel gut durchmischen. Sofort mit Mayonnaise oder – sehr niederländisch – mit Erdnusssauce servieren, einem Erbe unserer indonesischen Kolonien.

RADIESCHEN MIT BUTTER, SALZ UND BROT

Für 4 Personen

1 Bund Radieschen

ein gutes Stück Butter

Salz (z. B. schwarzes Hawaii-Salz oder zyprische Meersalzflocken mit getrockneter Zitronenschale)

Brot aus Natursauerteig (z. B. Münchner Natursauerteig-Dinkelbrot)

Die Radieschen putzen, ohne die Wurzeln zu entfernen. Die Butter in eine Schüssel geben. Etwas Salz in eine weitere Schüssel füllen. Das Brot in Scheiben schneiden. Die Radieschen erst in Salz und dann in die Butter tauchen und zu einer Scheibe Brot essen. Oder das Brot dick mit Butter bestreichen, mit dünnen Radieschen-Scheiben belegen und mit etwas Salz bestreuen.

KALTGEBRÜHTER PU-ERH-TEE

„Anfang des Jahres fuhr ich mit einem Teeliebhaber zum Geburtsort des Tees nach Xishuangbanna in der chinesischen Provinz Yunnan. Das ist der einzige Ort, an dem Pu-Erh-Tee hergestellt wird, der zum Transport in große Blocks gepresst wird. Er schmeckt kräftig und erdig und sei sehr gesund, heißt es. Die beste Qualität wird von Hunderte von Jahren alten, wilden Teepflanzen geerntet."

Für 1 Person

1 Stück von einem Pu-Erh-Teeziegel (erhältlich im Teeladen)

Mineralwasser

Die Teeblätter in eine Teekanne legen. Mit etwas kochendem Wasser übergießen, um die Blätter zu reinigen und ihre Aromen zu lösen. Das heiße Wasser abgießen, aber die Teeblätter im Becher lassen. Mit kaltem Mineralwasser aufgießen und über Nacht im Kühlschrank ziehen lassen. Durch den kalten Aufguss werden weniger Bitterstoffe gelöst und der Tee schmeckt süßer. Guten Pu-Erh-Tee kann man mehrere Male aufgießen. Nach Geschmack mit Eiswürfeln, etwas Zitronensaft oder Rohrohrzucker genießen.

Essen wird wie Mode immer stärker ein Zeichen für gesellschaftliche Entwicklungen.

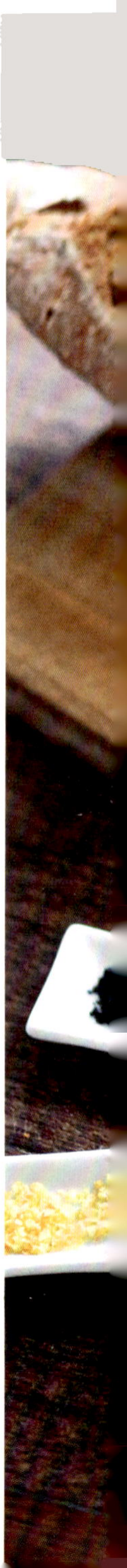

Bei Essen ist das so:
Es beginnt immer mit den besten Zutaten. Ich bin für euch über einige Märkte gegangen, um die beste Kartoffel zu finden!

Meine allererste und größte Liebe gilt dem Tee. Während andere ein Glas Wein trinken, habe ich immer ein Glas Tee in meiner Nähe stehen.

TORSTEN
Allem Anfang …

Wenn man sich für Kochen, Essen und Foodie-Themen allgemein interessiert, gibt es wohl wenige „Amateure“ in Deutschland, die mehr zu erzählen hätten als Torsten Goffin. Hauptberuflich Drehbuchautor, kann er sogar so unterhaltsam erzählen, dass man hofft, auf einen seiner besonderen Weine eingeladen zu werden und den ganzen Abend in der charmanten Kölner Altbauküche seinen Geschichten und Anekdoten rund um die kulinarische Welt lauschen zu dürfen.

Zu erzählen hat Torsten genug, was kein Wunder ist, denn der Designer und Fotograf mit eigenem Weinberganteil, Ackerparzelle und Schrebergarten (Letzterer gehört eigentlich seiner Freundin) beschäftigt sich nahezu den ganzen Tag mit Gaumenfreuden und ist viel in Sachen theoretischer wie auch praktischer kulinarischer Weiterbildung unterwegs. Vom Pork-Camp, wo er der Schlachtung und Verarbeitung eines ganzen Schweins beiwohnte, über selbst veranstaltete Weinproben bis hin zum Besuch einer der wichtigsten Foodie-Städte, San Sebastián, – über alles berichtet er auf seinem Wein- und Foodblog.

Auch unser heutiges Gericht – sein Signature-Dish – stammt aus einer dieser Unternehmungen. Er hat es eigens für eine Supperclubveranstaltung anlässlich der olympischen Spiele in London entwickelt. „Die Idee war, ein deutsches Gericht mit Referenzen an den britischen Gastgeber zu entwickeln“, erzählt er, während der über 50 Jahre alte Mixer von Muttern lautstark scheppernd die Minze und Tiefkühlerbsen für das Parfait püriert.

Wer so viel weiß, dessen Meinung ist sehr begehrt. Und so wagen wir es ihn zu unterbrechen, während er konzentriert das Parfait mit goldbraun geröstetem Sesam bestreicht, und fragen nach seiner wichtigsten kulinarischen Erkenntnis. „Seitdem wir den Schrebergarten haben, lerne ich noch einmal ganz neu, wie wichtig der Faktor Frische für den Geschmack ist. Der Unterschied ist bei allem zu schmecken, egal ob Radieschen, Blattsalate, Kartoffeln oder Obst.“

Natürlich wurde auch Torsten nicht als Foodie geboren, es war vielmehr ein schleichender Prozess. „Ich habe schon zu Studentenzeiten viel gekocht und wenn es anfänglich nur darum ging die Dosenravioli zu verfeinern.“ Als er damit begann für Freunde zu kochen, achtete der Perfektionist in ihm auf die Qualität der Speisen, während der Designer die Darbietung im Auge behielt. So entstanden bald aufwendige Sieben- oder Acht-Gänge-Menüs mit extra Besteck für jeden Gang. Sein erstes Paradegericht war Paella, die er authentisch mit allen nötigen Zutaten zubereitete. „Ich habe mir einfach immer vorgenommen, neue Dinge auszuprobieren. Manches scheiterte an der Technik, aber einiges gelang.“ Ein Besuch des Sternerestaurants Traube Tonbach habe dann noch einmal das Tor zu einem völlig neuen Universum geöffnet, denn dort kostete er den „besten Kartoffelschaum ever“. Dieser hatte puren, unglaublich intensiven Kartoffelgeschmack und dabei die Leichtigkeit geschlagener Sahne. „Da habe ich erkannt, was es für Möglichkeiten gibt und was Kochen im Grunde bedeutet: Es geht um die Produkte und darum, diese bestmöglich zur Geltung zu bringen.“

WENN ES SCHNELL GEHEN MUSS, WAS KOCHST DU? Pasta mit dem, was da ist.

WAS IST DIE BESTE GESCHMACKS-KOMBINATION? Gekochte Tomaten und Parmesan sind schwer zu schlagen. Oder Tomaten und Basilikum.

AUF WELCHE DEINER GERICHTE BIST DU BESONDERS STOLZ? Schwer zu sagen, aber was meine Desserts angeht, habe ich eine persönliche Rangfolge. Erstens: Mousse aus weißer Schokolade mit Olivenöl. Zweitens ein Fruchtsorbet aus Himbeeren und Wassermelone, weißer Pfeffer, Gin und Dill. Und drittens: Marzipanmousse oder auch „Der dekonstruierte Bratapfel“, eine mit Marzipanmousse gefüllte Charlotte. Das war auf jeden Fall das schönste.

WAS WAR DEINE LETZTE GESCHMACKS-ÜBERRASCHUNG? Txogitxu – 14 Jahre altes Rind, 90 Tage am Knochen gereift. Das schmeckte ebenso überraschend wie beeindruckend. Die interessanteste Geschmacksüberraschung waren Entenmuscheln.

WAS IST DEIN LIEBLINGSGERICHT? Gans oder Ente.

EINE KULINARISCHE KINDHEITSERINNERUNG? Gans mit Reis gefüllt. Das war die Paradedisziplin meiner Mutter.

DEIN LIEBSTES KÜCHENWERKZEUG? Das Messer, das ich vor über 20 Jahren als Student für 120 DM gekauft habe.

DEIN LIEBLINGSGEWÜRZ? Piment d'Espelette. Ihm geht die Bitterkeit vieler Chilis ab, es ist fruchtig und ich mag diese feine Schärfe. Wozu passt es am besten? Zu allem *(lacht)*. Zum Beispiel mit Butter in einer Pfanne mit Nudeln vermengt.

WO UND WIE ISST DU AM LIEBSTEN? Wo? Egal. Wie? Am liebsten légère und entspannt mit Freunden gemütlich an einer Tafel. Was es dann gibt, ist fast egal, es muss jedoch gut sein, aus guten Produkten.

WAS GEHÖRT ZU EINEM PERFEKTEN ESSEN? Gesellschaft.

WAS IST DEIN KULINARISCHER TRAUM? Ich habe zwei: erstens einen Turducken zu kochen und zu essen. Das sind bis zu fünf Geflügel, die erst entbeint und dann in einander gefüllt werden. Beim Aufschneiden ergeben sie einen interessanten Querschnitt. Der zweite Traum ist, den kulinarischen Roman, an dem ich gerade arbeite, zu Ende zu bringen.

ERBSEN-MINZE-PARFAIT, RÄUCHERFORELLE, FORELLEN-SHOT UND KARTOFFELCHIPS

„Zu dem Gericht empfehle ich ein Sauerbier. In Sachen handwerklich gebrauter Biere passiert gerade viel, es hat viel mit der Wiederentdeckung alter Techniken, Traditionen und Rezepte zu tun. Ich bin mir sicher, dass Craft-Bier ‚the next big thing' sein wird."

Für 6–8 Personen

Für das Parfait

600 g grüne TK-Erbsen, angetaut

80 ml Geflügel- oder Kalbsfond

100 g Crème fraîche

½ Bund frische Minze, Blätter abgezupft

abgeriebene Schale und Saft einer Zitrone

100 ml frisches, grasiges Olivenöl

Salz

Pfeffer

Zucker

8 Blatt Gelatine

Noilly Prat oder Weißwein

200 ml Sahne

4–5 gehäufte EL weißer Sesam

Die Erbsen an- oder auftauen lassen, je nach Leistungsfähigkeit des Mixers. Den Fond mit Crème fraîche erhitzen, die Erbsen dazugeben, aber keinesfalls mitgaren. Die Minzeblätter und die Zitronenschale dazugeben. Alles im Mixer oder mit dem Pürierstab fein pürieren. Erst dann das Olivenöl hinzugeben. Die Mischung durch ein Haarsieb streichen. Mit Salz sowie Pfeffer und je nach Reife der Erbsen mit etwas Zucker und Zitronensaft abschmecken.

Die Gelatine einweichen und in etwas warmem Noilly Prat auflösen. Die Sahne halbsteif schlagen und zusammen mit der Gelatine unter die Erbsencreme heben. In eine mit Frischhaltefolie ausgekleidete Parfait-Form füllen und im Kühlschrank mehrere Stunden, am besten aber über Nacht auskühlen lassen.

Das Parfait aus der Form stürzen. In einer Eisenpfanne den Sesam goldbraun rösten und etwas abkühlen lassen. Dann mit einer Streichpalette oder Ähnlichem vorsichtig rundum auf das Parfait auftragen. Eine leichte Restwärme der Saat lässt die Gelatine im Parfait anschmelzen und der Sesam bleibt besser haften. Sind die Körner aber noch zu heiß, sinken sie ins Parfait ein, wie eine Bleiente ins Schaumbad.

Für 6 Personen

Für die Kartoffeln

6 Kartoffeln
(am besten unterschiedlicher Sorte)

Kartoffeln sorgfältig waschen und trocknen. Bei Eignung mit Schale, sonst geschält mit dem Gemüsehobel in feine Scheiben von ca. 1 mm Stärke schneiden und im heißen Fett goldgelb frittieren. Sie sind dann fertig, wenn das frittiertypische Sprudeln sicht- und hörbar schwächer wird. Auf Küchenkrepp entfetten und großzügig salzen.

Für 4–6 Personen

Für die Forelle und das Shot

2 mittelgroße, möglichst frische heißgeräucherte Forellen

1 große Schalotte, ungeschält

Wurzelgemüse (Karotten, Lauch, Staudensellerie und/oder Petersilienwurzel)

½ TL frische weiße Pfefferkörner

½ TL Wacholder

etwas Koriandersaat

2–3 Pimentkörner (Nelkenpfeffer)

1 Lorbeerblatt

2–3 Stängel getrockneter wilder Fenchel (nach Belieben)

Salz

Zitronensaft

Piment d'Espelette

Noilly Prat oder Gin

getrocknete Schnittlauchblüten oder Schnittlauchröllchen

1 Eiweiß bei Bedarf zum Klären

Die Forellen filetieren. Die Filets bis zum Anrichten kühl stellen.

Die Karkassen, Gräten, Kopf und Fischreste zusammen mit der ungeschälten, halbierten Schalotte und dem Wurzelgemüse in ca. 1–1,5 Liter kaltem Wasser aufsetzen. Pfefferkörner, Wacholder, einige Koriandersamen, Pimentkörner, Lorbeer und falls erhältlich getrockneten wilden Fenchel dazugeben. Einmal kurz aufkochen, dann leise simmern lassen und auf ein Drittel reduzieren.

Den Fond durch ein feines Sieb abgießen und bei Bedarf, wenn die Brühe zu trüb ist, mit einem Eiweiß klären. Mit Salz, einem Spritzer Zitronensaft, Piment d'Espelette sowie einem kleinen Schuss Noilly Prat abschmecken.

Den Fond mit Schnittlauchblüten in einem ofenfesten Glas anrichten und möglichst heiß zum Parfait und dem Forellenfilet servieren.

Man hat herausgefunden, dass Lebensmittel mit einer ähnlichen chemischen Struktur gut harmonieren. Eine Kombination, die dem entspricht und tatsächlich gut funktioniert, ist Minze und Erbse. Ein Dreamteam. Es macht einfach „Klack“ und es funktioniert.

Beim Kochen geht es immer um die Produkte und darum, diese bestmöglich zur Geltung zu bringen.

KAVITA
Mother's Mother Supperclub

Kavita Meelus Lachen ist ansteckend, denn dann leuchten ihre warmen Augen und die braunen Locken umrahmen ein Gesicht, das begeisternde Lebensfreude ausstrahlt. Und Kavita lacht viel, wenn sie darüber erzählt, wie sie zunächst in London in der Werbebranche arbeitete, dann in einem Cupcakeladen jobbte, der Liebe wegen nach Berlin zog, sich dort in Nachtclubs um die Lichtarchitektur kümmerte und am Ende auch diesen Job kündigte, um sich etwas zu widmen, was sie schon seit ihrer Kindheit mochte: Essen.

Doch werden wir an diesem Tag im Hochsommer nicht von ihr selbst bekocht, sondern treffen in der freundlichen Berliner Altbauwohnung auf drei Köche, die für uns Rezepte ihrer Großmütter zubereiten. Obwohl unterschiedlichster Herkunft, haben sie eines gemeinsam: die Liebe zu den traditionellen Gerichten ihrer jeweiligen Heimat. Denn das ist die Idee hinter dem Supperclub namens Mother's Mother: „Durch das Essen kann man eine Menge über die Kultur eines Landes erfahren. Wenn jemand etwas über seine Kultur erzählt, ist es noch besser zu verstehen, wenn man das Essen zu dieser Kultur schmecken und erleben kann. Gerade hier in Berlin leben Menschen aus aller Welt, die viel über Essen wissen und dieses Wissen teilen möchten", erklärt uns Kavita. „Wir laden diese internationalen Köche ein, etwas aus ihrer Heimat zu kochen. Wir erwarten kein aufwendiges Menü, aber wenn wir mit dieser Idee auf die Leute zugehen, haben diese meist sofort eine Milliarde Rezepte in ihren Köpfen."

Entstanden ist die Idee, als Kavita einmal wieder mit ihren Londoner Freunden, die alle aus unterschiedlichen Kulturen stammen, zusammensaß: „An einem Sonntag hatten wir mal wieder darüber diskutiert, was für ein Restaurant man eröffnen könnte und welches Essen es dort geben sollte. Dann kam uns die Idee: Was wäre, wenn jeder ein Gericht nach einem Rezept aus seiner Familie anbieten würde?"

Auch wir bekommen in Kavitas lichtdurchfluteten Küche eine Ahnung, was den Reiz dieses Konzeptes ausmacht. In dem wuseligen Durcheinander beobachten wir die Chinesin Ash Lee, wie sie in rhythmischer Akribie mit einem großen Hackmesser das Fleisch für die Füllung zerkleinert. Daniel rührt in traditionell ghanesischer Kluft mit ausholenden Bewegungen in einem großen Topf den fluffigen Maisteig und Achille raspelt schon mal die Zartbitterschokolade für den Nachtisch. Dabei halten alle immer wieder inne und schauen aufmerksam beim Nebenmann in die Schalen und Töpfe, um selbst etwas über die Herstellung der jeweiligen Speisen zu lernen. Dazwischen und irgendwie überall: die quirlige Kavita, die sich ein Stück Schokolade stibitzt, neugierig Ash Lee über die Schulter blickt und sich vor Lachen kringelt, weil ihr das Einwickeln der Klöße in getrocknete Maisblätter auf Anhieb nicht recht gelingen mag.

„Viele Leute können mit dem Konzept etwas anfangen, weil es so emotional und einfach zu verstehen ist. Man muss nicht wissen, was jordanisches oder koreanisches Essen ist, aber man spürt eine Verbindung dazu, wenn man es probiert. Das Tolle an Mother's Mother ist, dass die Leute sehr aufgeschlossen sind. Man kann den Gästen alles vorsetzen und es wird gegessen, weil sie neugierig sind und es probieren möchten. Für sie ist es wie eine kulinarische Reise." Ganz nebenbei wird etwas konserviert, was sonst vielleicht in der nächsten Generation aussterben würde.

Es ist beeindruckend, wie die gerade mal seit fünf Jahren in Deutschland lebende Kavita die Berliner Esskultur bereits beeinflusst hat. So hat die hübsche Britin mit indischen Wurzeln unter anderem auch den Street-Food-Thursday ins Leben gerufen: ein wöchentliches Event, an dem junge und kreative Köche ihre aus aller Welt stammenden (Street-Food)-Spezialitäten anbieten. Aber sie will noch mehr: „Mein Traum ist es, Mother's Mother für mehr Menschen zugänglich zu machen, ohne es zu kommerzialisieren. Ich wünsche mir, dass die Idee weitergetragen wird und vielleicht eine Bewegung daraus entsteht."

WAS IST DEIN LIEBLINGSGERICHT?
In einem meiner vorherigen Leben muss ich wohl im chinesischen Kanton gelebt haben, weil ich von Dim Sum besessen bin. Mein Lieblingsessen ist Xiaolongbao, Teigtaschen mit Suppe, die man mit Essig und Ingwer isst. Das kann ich immer und den ganzen Tag essen.

WAS KOCHST DU, WENN DU WENIG ZEIT HAST? DunDun-Nudeln in pikanter Sauce.

WAS WAR DAS BESTE ESSEN, DAS DU JEMALS HATTEST? Das letzte Mal, als ich meine Eltern besuchte, haben wir sehr gut gegessen. Meine Mutter hat das traditionellste Gericht aus unserer Heimatregion gekocht. Es ist Grünkohl sehr ähnlich, dazu kommen Senfblätter und andere grüne Blätter. Die Blätter muss man aber erst abzupfen und in verschiedenen Schalen und Töpfen mit Knoblauch und Ingwer verarbeiten, bis alles eine ähnliche Konsistenz hat. Dazu gibt es indisches Fladenbrot. Es dauert Stunde es zuzubereiten. Das war toll!

WAS IST DEIN LIEBSTES GEWÜRZ?
Jegliche Sorten Chili und Kardamom.

DEIN LIEBSTES KÜCHENWERKZEUG?
Meine japanische Mandoline.

DIE BESTE GESCHMACKSKOMBINATION, DIE DU KENNST? Süß und salzig, Speck und gesüßte Kondensmilch, Roti und eingelegte Chilis, Marmelade und Käse.

WIE UND WO ISST DU AM LIEBSTEN?
Mit vielen Leuten an einem runden Tisch mit einer Drehscheibe in der Mitte, auf der viele Gerichte stehen, die man sich teilt. So wie bei der indischen oder asiatischen Küche, in der nicht jeder seine eigenen Teller hat.

WAS FASZINIERT DICH AM ESSEN?
Essen ist ein Werkzeug, um Kulturen zu verstehen!

Ash Lee heißt eigentlich Yi Li und kommt aus Shanghai. Ihre Großmutter war zwar keine außergewöhnliche Köchin, aber ein paar Sachen konnte sie besonders gut, die dann auch Teil des Dinners für Mother's Mother waren. Für die anderen Gänge ließ sich Ash Lee von Rezepten inspirieren, entwickelte neue Gerichte und brachte so ein unglaublich fantastisches Elf-Gänge-Menü auf den Tisch. Auch das Rezept für die Teigtaschen ist von ihrer Großmutter, die aus dem Norden Chinas stammt, wo dieses Gericht sehr populär ist. Man serviert es dort mit einem Essigdipp und Chilipaste.

GEKOCHTE CHINESISCHE TEIGTÄSCHCHEN „JIAOZI" MIT SCHWEINEHACKFLEISCH UND SCHNITTKNOBLAUCH

Für 20–25 Stück

Für die Jiaozi

300 g Schweinehals und Bauchspeck oder fertiges Schweinehackfleisch
3 EL helle Sojasauce
1 EL chinesischer Reiswein (z. B. Shao-Xing-Wein)
1 walnussgroßes Stück Ingwer, gerieben
⅓ TL Salz
⅛ TL Zucker
1 EL Sesamöl
100 g Schnittknoblauch (chinesischer Schnittlauch), fein gehackt
1 Packung fertiger Wan-Tan-Teig

Für den Dipp

4 EL chinesischer Essig (Chinkiang-Reisessig)
1 TL chinesische Chilipaste (nach Belieben mehr)
Sesamöl

Für die Füllung drehe ich das Fleisch selbst durch, aber man kann auch fertiges Hackfleisch kaufen. Das Schweinehackfleisch mit Sojasauce, Reiswein, Ingwer, Salz und Zucker in einer großen Schüssel vermengen. Nach und nach einige Esslöffel kaltes Wasser dazugeben, bis ein klebriger Fleischteig entstanden ist. Die Hälfte des Sesamöls unterkneten. Dann gründlich den Schnittknoblauch und das restliche Öl einarbeiten, bis die Masse homogen und cremig ist.

Für die Jiaozi ein Wan-Tan-Teigblatt in eine Handfläche legen und den Rand einer Hälfte mit Wasser bestreichen, damit die Teigtäschchen später fest schließen. Einen Teelöffel Füllung in die Mitte setzen. Nicht zu viel Füllung nehmen und nicht auf den Rand streichen, da das Teigtäschchen sonst beim Kochen aufplatzt. Die unbestrichene Teigseite über die Füllung schlagen und die Teigränder mit den Daumen beider Hände fest (aber vorsichtig) zusammendrücken.

Wasser in einem großen Topf zum Kochen bringen. Die Teigtäschchen hineingeben, dabei nicht zu viele auf einmal kochen. Vorsichtig mit einem Holzlöffel umrühren, damit die Jiaozi nicht am Topfboden anlegen. Den Deckel aufsetzen und wieder zum Kochen bringen. 300 ml kaltes Wasser dazugießen und nochmals aufkochen. Den Deckel abnehmen und weiterköcheln, bis alle Teigtäschchen an die Oberfläche steigen. Abgießen und sofort servieren. Für den Dipp den chinesischen Essig mit etwas Chilipaste und einem Spritzer Sesamöl verrühren. Den Dipp zu den Jiaozi reichen.

Daniel stammt aus Ghana und lebt seit fünf Jahren in Deutschland. Er wuchs bei seiner Großmutter auf, durch die er einen starken Bezug zu Essen bekommen hat. Sie besaß einen kleinen Streetfood-Stand und er half ihr oft in der Küche. Das Ungewöhnliche daran? Männer in Ghana wissen in der Regel nicht, wie man kocht. Daniel war zwar zunächst skeptisch, lernte aber schnell und viel. Bald begann er, auch für sich selbst zu kochen. Das Kenkey ist ein typisches ghanesisches Gericht, das seine Großmutter häufig kochte und verkaufte. Traditionell wird es von Arbeitern mittags zur Stärkung gegessen. Das Gericht besteht aus Maisteig, den man in getrocknete Maisblätter wickelt und gart. Durch Fermentation bekommt der Teig eine lockere Textur und einen leicht säuerlichen Geschmack.

KENKEY MIT GARNELEN UND OKTOPUS IN KNUSPRIGER TOMATENSAUCE

Die besonderen Zutaten sind in spezialisierten afrikanischen Lebensmittelläden, Afroshops oder im Internet erhältlich.

Für 5 Personen

Für die Kenkey

1 kg Maismehlteig, tiefgefroren

Salz

500 g Banku-Mix (fermentiertes Maismehl)

10 Büschel getrocknete Maisblätter

Für die Sauce

ca. 1 kg Garnelen und Oktopus, küchenfertig (TK oder frisch)

Salz

Sonnenblumenöl zum Frittieren und 250 ml zum Braten

2 Zwiebeln, gewürfelt

1 Knoblauchzehe, durchgepresst

1 TL Chilipulver

6 große Tomaten

1 Brühwürfel

Für den Kenkey-Teig den Maismehlteig in einem Topf mit 1,5–2 Litern Wasser verrühren. Nach Geschmack bis zu 3 Teelöffel Salz dazugeben. Die Masse bei hoher Hitze auf den Herd stellen und unter Rühren solange kochen, bis der Teig aufgequollen und eine dickliche Masse entstanden ist. Die Temperatur reduzieren und unter Rühren 15–20 Minuten weiterkochen, bis die Masse gar ist.

Die Paste in eine große Schüssel umgießen. Langsam den Banku-Mix mit einem Holzkochlöffel einarbeiten. Sobald der Teig kalt genug ist, mit den Händen weiterarbeiten. Den Teig mit den Händen kneten, bis das Pulver und die gekochte Paste gründlich und klumpenfrei miteinander vermischt sind.

Aus dem Teig Klöße mit 7–10 cm Durchmessern formen. Da der Teig sehr stärkehaltig und klebrig ist, die Hände zwischendurch öfters in eine Schüssel mit kaltem Wasser tauchen.

Die Maisblätter in einer großen Schüssel mit kaltem Wasser 2–3 Minuten einweichen. Das erste Blatt in die linke Handfläche legen und einen Kloß auf das breite Ende setzen. Einige Blätter überlappend um den Kloß herum legen, die breiten Enden und der Kloß sind beim Handballen. Die Blätter fest andrücken. Jetzt den Kloß in der Hand drehen, sodass die überlappenden Blattspitzen zum Körper zeigen. Die Blattspitzen zusammenzwirbeln. In die Mitte vom Kloß mit dem rechten Zeigefinger ein Loch bohren. Dann die Blattspitzen mit der rechten Hand Richtung Loch ziehen, dabei sollen die Finger der linken Hand die Blattenden weiter auf den Kloß drücken. Die Blattspitzen dann in das Loch drücken. Die Blattenden ebenfalls zusammenzwirbeln und genauso in das Loch falten. Das Loch so zudrücken, dass die Blätter festgehalten werden und das Päckchen geschlossen ist.

Einen Kochtopf mit den restlichen Maisblättern (ca. 30) auslegen. Die Kenkey in 2–4 Lagen darauflegen, je nach Größe des Topfes. Soviel Wasser angießen, dass später nur die Hälfte der Lagen von sprudelnd kochendem Wasser bedeckt ist. Den Topf dicht verschließen, sodass kein Dampf entweichen kann. Zum Kochen bringen und 25–30 Minuten sprudelnd kochen. Die Kenkey sind fertig, wenn sie auf Fingerdruck elastisch nachgeben.

Für die Sauce gefrorene Meeresfrüchte zum Auftauen 5 Minuten in warmes Salzwasser legen. Frische Garnelen waschen. Den Oktopus ebenfalls waschen und 5 Minuten in Salzwasser legen. Durch ein Sieb abgießen und zum Trocknen auf Küchenpapier ausbreiten. Anschließend in reichlich Sonnenblumenöl ca. 10 Minuten knusprig frittieren. Aus dem heißen Öl heben und abtropfen lassen. Das Öl nicht weiter verwenden.

In einem Topf 250 ml Sonnenblumenöl erhitzen. Die Zwiebeln mit Knoblauch und Chilipulver darin bei mittlerer Hitze etwa 3 Minuten anbraten. Die Tomaten kleinschneiden, im Mixer pürieren und zu den Zwiebeln in die Pfanne geben. Anschließend 7–10 Minuten mitbraten. Salzen und umrühren. Nach weiteren 3 Minuten den Brühwürfel dazugeben und auflösen, dann nach 2 Minuten die frittierten Meeresfrüchte unterheben. Alles noch 5 Minuten weitergaren und servieren.

MELANZANE AL CIOCCOLATO – NEAPOLITANISCHER SCHOKOLADEN-AUBERGINEN-AUFLAUF

„Das ist ein sehr traditionelles, altes Gericht. Ursprünglich stammt es von der italienischen Amalfi-Küste, der costiera amalfitana, und dort wahrscheinlich aus der Stadt Maiori. Der Überlieferung nach waren es Mönche, die das Gericht zuerst zubereiteten. Ihr Kloster stand in dieser herrlichen Landschaft mit ihrer berühmten Küste, an der die steilen Berghänge direkt ins blaue Meer abfallen.

Das Essen war früher ein typisches Sommergericht. Heute bereitet es kaum noch jemand zu, doch wer es einmal probiert hat, vergisst es nie wieder.

Bei meinen Nachforschungen zu diesem alten Rezept fand ich in einem Buch eine sehr überzeugende Version, bei der abwechselnd Schokoladencreme und Vanillecreme, crema pasticcera, aufgeschichtet wurden. Meine Großmutter, Rosa Miele, bereitete das Gericht ohne diese Konditorcreme zu, doch da die Quelle so authentisch war, ließ ich mich davon überzeugen und servierte die Vanillecreme als Extrasauce dazu. Die Reaktion der Gäste, die das bei Kavitas Mother's Mother zum ersten Mal probierten und ihr Stück Schokoaubergine teelöffelweise in die gelbe Creme eintauchten, freut mich heute noch. Damals hatte ich das traditionelle Rezept allerdings mit einer halben Chilischote in der Schokosauce ein wenig manipuliert, um ihm noch einen weiteren Kick zu geben. Sehr erfrischend!"

Obwohl jeder behauptet, dass er italienisches Essen kenne, ließ Achille mit seiner Leidenschaft für historische Rezepte und Gerichte ein außergewöhnliches Dinner entstehen, das sich intensiv mit seiner neapolitanischen Herkunft beschäftigt und die Gäste überraschte. Insbesondere die Melanzane al Cioccolato, die Aubergine mit Schokolade, klang für Kavita eher nach Heston Blumenthal und machte sie neugierig auf Achilles Menü. Achille hatte zunächst großen Respekt vor dem Gericht, das aus der Region um die Amalfiküste stammt und auf die Kochkunst der dort ansässigen Mönche und Nonnen zurückzuführen ist. Jahrelang bat er seine Mutter, ihm das Gericht zu kochen. Erfolglos. Also wälzte er alte Kochbücher, recherchierte im Internet und skypte fast täglich mit seiner Familie in Italien, um die perfekte Zubereitungsmethode zu entwickeln.

Für 4 bis 6 Portionen

600 g Auberginen
grobes Meersalz
Mehl (italienisches Mehl Tipo 00)
Eier zum Panieren
Erdnuss- oder Sonnenblumenöl zum Braten
dunkle Schokolade, gehackt
gemahlene Mandeln
Pinienkerne
kandierte Früchte (z. B. Orangeat, Zitronat)

Für die Sauce
600 ml Milch
120 g Zucker
60 g Kakaopulver

Die Auberginen schälen und der Länge nach in 5 mm breite Scheiben schneiden. Mit grobem Meersalz bestreuen und mindestens 1 Stunde ziehen lassen. Dieser Zubereitungsschritt ist Standard in der süditalienischen Küche: So entzieht man diesem landestypischen Gemüse etwas Fruchtwasser. Danach die Auberginenscheiben gründlich unter fließendem, kaltem Wasser waschen und vorsichtig zwischen Leinengeschirrtüchern trocken tupfen.

Mehl in einen flachen Teller geben und die Auberginenscheiben einzeln darin wenden, bis sie rundum mit Mehl bestäubt sind. In einem zweiten Teller einige Eier mit etwas Salz verquirlen. Die bemehlten Auberginenscheiben darin wenden.

Erdnuss- oder Sonnenblumenöl in einer Pfanne erhitzen und die Auberginenscheiben darin braten, bis sie goldbraun sind. Das Gemüse ist durchgegart, wenn es sich leicht schneiden lässt.

Die Auberginenscheiben auf einer großen Platte auf Küchenpapier abtropfen lassen.

In der Zwischenzeit einige Schokoladenstückchen, gemahlene Mandeln, Pinienkerne und kandierte Früchte nach Geschmack vermischen.

Für die Sauce die Milch, Zucker und Kakaopulver in einem Topf verrühren. Bei niedriger Hitze köcheln lassen, bis die Sauce so eingekocht ist, dass sie am Holzkochlöffel dickflüssig kleben bleibt.

Reichlich Sauce auf den Boden einer Auflaufform geben. Eine Schicht Auberginenscheiben darauf verteilen, mit der Schokoladenmischung bestreuen und mit einer weiteren Schicht Auberginen bedecken. Darauf wieder Sauce gießen und die restlichen Zutaten in der gleichen Reihenfolge weiter einschichten. Mit weiteren gehackten oder ganzen kandierten Früchten, Mandeln, Pinienkernen und Schokoladenstückchen bestreuen.

Jetzt das schwierigste: Die süße Verführung mindestens einen, noch besser zwei Tage, im untersten Fach des Kühlschranks ziehen lassen.

KUNSTKRAMEREI

PER & MALTE
Mobiler Küchenwagen

An einem sonnigen Spätsommerabend in Hamburg tragen wir den Küchenwagen von Per Schumann und Malte Zacharias mitsamt Stühlen und Geschirr auf einen Gehsteig vor den Designermöbelladen. Zwölf Freunde und Bekannte sind eingeladen, um im Freien mit uns zu speisen – ganz so wie Per und Malte es schon oft gemacht haben.

Denn unter ähnlichen Umständen haben sich die beiden vor zwölf Jahren kennengelernt: bei einem gastronomischen Projekt an der Kunsthochschule, an der Per Freie Kunst und Malte Architektur studierte. „Wir haben früh festgestellt, dass gemeinsames Essen sofort eine intime Stimmung schafft, in der man sich wohl fühlt."

Der Küchenwagen ist an sich eine vorwiegend aus Fundstücken gebaute Küche auf Rollen mit Schubladen und integriertem Gaskocher. Damit möglichst viele Leute an einen Tisch passen, kann man den Wagen mit zwei Tischplatten verlängern und so eine schöne lange Tafel schaffen. „Mit zwei Freunden haben wir lange daran herumgepuzzelt. Generell ist das auch ein Merkmal aller Möbel, die ich hier in meinem Laden verkaufe: Dinge, die keinen Nutzen mehr haben, umfunktionieren und ihnen damit einen neuen Wert geben."

Die Idee mit dem Wagen entstand, als die zwei nach Istanbul eingeladen wurden, um dort an einem Kunstprojekt teilzunehmen. „Wir wollten etwas mit Essen machen und waren inspiriert von diesen ganzen Karren und mobilen Marktständen, die es dort gibt. So kam mir sofort die Idee, dass das die kleinste Einheit wäre, die ein Künstler bräuchte, um sich seinen eigenen Raum zu schaffen." So entstand die Verknüpfung des Projekts mit einer mobilen Kücheneinheit und seitdem sind sie schon weit damit herumgekommen.

Wie zum Beispiel nach New York. „Wir wollten eine Gegenbewegung zu diesem Kaufen-Verkaufen-Kaufen-Prinzip schaffen. Also haben wir vor Ort aus Fundstücken einen Wagen gebaut und damit Community-Gärten abgeklappert. Das sind diese kleinen bewachsenen Nischen in der Stadt, die selbst eigentlich eine riesige, fast menschenfeindliche Steinwüste ist." In jedem Garten schenkte man ihnen frisch geerntetes Gemüse, das sie am nächsten Tag im nächsten Garten zubereiteten. Und doch wurden die ersten Annäherungsversuche stets skeptisch beäugt. Erst ein Schild, das „Lunch for free" versprach, brachte den Erfolg: „Das war mal wieder ein Beweis dafür, dass man mit Essen ein paar Barrieren durchbricht und ins Gespräch kommt. So wurde es schließlich ein sehr schöner Tag mit netten Geschichten und Austausch."

Erst kürzlich kam Per aus China zurück, wo er ebenfalls auf der Straße kochte. Dafür baute er extra einen Koffer, den er in wenigen Handgriffen zu einer Kücheneinheit umbauen konnte. „Da ich mich an die dort heimische Küche nicht herangewagt habe, entschied ich mich, Pfannkuchen zuzubereiten, ganz so wie wir sie essen – mit Obst drin und Zucker drauf. An einem Tag habe ich mir ein Herz gefasst und bin in eine Straße gegangen, in der keine Touristen unterwegs waren und habe einfach alles aufgebaut. In Nullkommanix standen etwa 50 Menschen um mich herum. Es entstand eine ganz ruhige und entspannte Atmosphäre. So bin ich auch mit den Leuten ins Gespräch gekommen. Das war so rührend – echt der Wahnsinn. Diese Art zu kochen hat auch so etwas menschlich Verbindendes. Am Ende des Tages habe ich in meinen Blog geschrieben: „Wenn man unglücklich ist, sollte man einfach mal Pfannkuchen in China verkaufen."

Seit Jahren gehen Per und Malte nun schon gemeinsam auf Reisen und entwickeln Projekte, die sich mit dem menschlichen Miteinander beschäftigen. Per kümmert sich um den Bau der mobilen Einheiten und Malte ist für das Kochen zuständig – und dabei lässt sich keiner von dem anderen reinreden: „Ja, da sind wir wie ein altes Ehepaar. Das bleibt nach so langer gemeinsamer Zeit aber nicht aus", erzählt Per schmunzelnd.

(mit Per) WAS IST DEIN LIEBLINGSGERICHT? Spaghetti mit einer einfachen Tomatensoße und Parmesan. Das könnte ich fast täglich essen.

WAS WAR DAS BESTE ESSEN, DAS DU JE HATTEST? Ich habe mal ein Jahr in Italien gelebt. Da gab es diesen Laden. Neonbeleuchtung, rotkarierte Tischdecken, du konntest dir nichts aussuchen, denn es gab dann nur ein Gericht, das du essen konntest: Gnocchi mit einer scharfen Sauce. Das war einfach genial.

WAS GEHÖRT FÜR DICH ZU EINEM PERFEKTEN ESSEN? Dass man sich austauschen kann, also ein angeregtes Gespräch.

KANNST DU DICH AN DEINE LETZTE GESCHMACKSÜBERRASCHUNG ERINNERN? Ja, das waren diese Gurken: Pai Huang Gua. Geschlagene Gurke mit Sesamöl und Sojasauce. Die Gurke wird nicht geschnitten, sondern die schlagen mit einem großen Messer drauf. Das war so ein anderer, feiner Geschmack, irgendwie luftiger. So gut und so einfach.

WO ISST DU AM LIEBSTEN? Unter Menschen oder in Restaurants. Alleine zuhause kann ich gar nicht gut essen.

WAS IST DEIN LIEBLINGSGEWÜRZ? Bei Pasta nehme ich gern ganz scharfe Chili. Aber ich mag auch gutes Salz, wie dieses rötliche tibetische Steinsalz. Wenn es um Kräuter geht, mag ich gern Rosmarin.

WAS WAREN TYPISCHE GERICHTE DEINER KINDHEIT? Toast mit Nutella. Und meine Mutter hat süße Nudeln gemacht – mit Butter, Zimt und Zucker.

WESSEN WIRST DU NIE ÜBERDRÜSSIG? Nachtisch. Ich kriege eigentlich nie genug von Nachtisch. Und es gibt viele einfache Möglichkeiten, einen leckeren Nachtisch zu machen.

WAS MACHT DICH GLÜCKLICH? Wir hatten mal eine Vortragsreihe „Leben gestalten": Wie man das Leben positiv selbst mitgestalten kann und ein glückliches Leben entwirft. Das zu tun, macht mich glücklich.

GRÜNER ZUCCHINIRISOTTO MIT BASILIKUM

„Risotto war unser Klassiker auf der New-York-Tour. Risotto auf der Gasflamme wurde ein Alleskönner, der Mangold, Zucchini und Tomaten vertragen konnte. Hier bringen wir Varianten in drei Farben, als Grundstock einer Farbpalette.“

Für 8–12 Portionen

2 Zwiebeln, gehackt
Olivenöl
4 Zucchini, in Stücke geschnitten
750 g Risottoreis
Weißwein zum Ablöschen
ca. 1,5–2 l heiße Gemüsebrühe
4 Knoblauchzehen
50 g Butter
etwa 12 Basilikumblätter
Pfeffer
geriebener Parmesan

Die Zwiebeln in etwas Olivenöl glasig dünsten. Die Zucchini dazugeben und kurz mitbraten. Den Reis untermengen und ebenfalls glasig werden lassen. Mit etwas Weißwein ablöschen, dann nach und nach heiße Gemüsebrühe hinzugeben. Die Knoblauchzehen ganz mitkochen, später wieder herausnehmen.

Den Reis mehrmals umrühren und soviel Brühe schöpfkellenweise dazugeben, bis der Reis al dente, also bissfest, ist. Zum Schluss Butter und Basilikum unterrühren.

Mit frisch gemahlenem Pfeffer abschmecken und Parmesan unterrühren.

ROTER TOMATENRISOTTO

Den Risotto mit denselben Zutaten wie den Zucchinirisotto zubereiten. Die Zucchini durch 6 Tomaten ersetzen.

Zunächst die Tomaten entkernen und in kleine Würfel schneiden. Mit den Zwiebeln anfangs dünsten, dann aus der Pfanne nehmen. Den Risotto weiter nach Rezept bissfest garen und erst am Ende die Tomaten wieder untermischen.

GELBER SAFRANRISOTTO

Den Risotto mit denselben Zutaten wie den Zucchinirisotto zubereiten, statt den Zucchini insgesamt 6 Zwiebeln verwenden.

Nach dem Andünsten der Zwiebeln 2 Teelöffel zerstoßene Safranfäden dazugeben, anschließend den Reis. Den Risotto weiter nach Rezept bissfest garen.

MERCIMEK KÖFTE – VEGETARISCHE LINSEN-KÖFTE

„Dieses Rezept haben wir aus Istanbul mitgebracht, wo wir auch unsere erste Küchenkarre auf Rollen gebaut haben. Die Kunst besteht beim vegetarischen Köfte darin, das richtige Verhältnis – nicht zu trocken und nicht zu matschig – zu finden. Man muss die Menge an Linsen, Bulgur und Wasser entsprechend kombinieren.“

Für 8 Portionen

125 g rote Linsen
125 g feiner Bulgur
1 Zwiebel
3 Frühlingszwiebeln
Olivenöl
1–2 EL Salça (Paprikapaste), scharf oder mild
1–2 EL Tomatenmark
einige Stängel glatte Petersilie
½ Zitrone
Pfeffer
Salz
knackige Salatblätter oder Kohlblätter zum Anrichten

Die Linsen in einem kleinen Topf mit Wasser bedecken und weich kochen, sodass noch ein Finger breit Wasser übrig ist. Den Bulgur unterrühren und 30 Minuten zugedeckt quellen lassen.

Die Zwiebel und den weißen Teil der Frühlingszwiebeln klein schneiden und in etwas Öl andünsten. Salça und Tomatenmark sowie 1 Tasse Wasser dazugeben. Kurz aufkochen, dann unter die Linsen-Bulgur-Masse kneten.

Den grünen Teil der Frühlingszwiebeln und die Petersilie hacken und unter die Linsenmischung kneten. Eine halbe Zitrone darüber ausdrücken. Wenn die Masse zu klebrig ist, noch etwas Bulgur dazugeben.

Dann mit Esslöffeln oder trockenen Händen aus der Masse längliche Klößchen formen. Die Köfte auf den Salatblättern anrichten. In Istanbul benutzten wir Kohlblätter als „Teller“.

BANANA ICE CREAM

„Ein simples und köstliches Rezept, das wir aus London mitgebracht haben. Brixton People's Kitchen hatte uns eingeladen, mit ihnen zusammen ein Lastenfahrrad zum Mobile-Kitchen-Bike umzubauen. Seitdem sind sie damit im Einsatz und kochen mit Lebensmitteln, die weggeworfen werden sollten.

Ein oft gespendetes Obst in der People's Kitchen sind überreife Bananen, so dass Banana Cake und Smoothies bereits ein Klassiker dieser Verwerterküche sind. Wir probierten mal Bananeneiscreme."

Für 8 Personen

4 reife Bananen, tiefgefroren
1 Dose Kokosmilch oder -creme
frische Minzeblätter zum Garnieren

Die gefrorenen Bananen im Mixer pürieren und etwas Kokosmilch dazugeben – fertig!

Mit etwas Minze garnieren.

Essen schafft sofort eine intime Stimmung und man fühlt sich wohl, wenn man Essen miteinander teilt.

*Wenn man unglücklich ist,
sollte man einfach
mal Pfannkuchen in China
verkaufen.*

TERESA
Resi Lecker Baguette

Teresa Siebein steht in ihrer bunten, mit Flohmarktfundstücken ausgestatteten Altbauküche, die befreundete Architekten für sie gebaut haben. Ihre Arme stecken bis zum Ellenbogen im Knödelteig. „In meinem Essen wird man keine exakt geschnittenen Gemüsewürfel finden, bei mir kann es grob und echt aussehen. Meine Petersilie darf man ruhig noch als solche erkennen." Wir beobachten das Funkeln in ihren Augen, während Resi Lecker Baguette – unter diesem Namen kennt man sie in Düsseldorf und Umgebung auch – über Essen spricht. Sie erzählt uns, wie sie, die studierte Designerin, zur vegetarischen Köchin wurde.

Als sie sich bei einem Abendessen mit ihrem Freund noch während des Hauptgangs fragte, was sie wohl zum Nachtisch bestellen könne, wurde es ihr plötzlich klar: „Das ist mein Thema. Nichts auf der Welt lässt mein Herz höher schlagen als Essen." Und so hängte sie ihre Designerkarriere an den Nagel und jobbte sich durch die vegetarischen Küchen Düsseldorfs, um sich nach drei Jahren zu sagen: „Das kann ich besser – ich mache mich selbstständig!"

Um die Zeit während der Suche nach dem perfekten Ladenlokal für ihr eigenes Restaurant zu überbrücken, erfand das 1,60 Meter große Energiebündel kurzerhand eine eigene Nische für ihr Essensangebot. Nun radelt der kleine Tausendsassa auf einem eigens für sie angefertigten Fahrrad mit vorgebauter Holzkiste jeden Mittag durch die Stadt, um Düsseldorfer Agenturen, Praxen und Kanzleien mit köstlichen vegetarischen Baguettes, Salaten und fairen Limos zu versorgen. „Wenn ich auf meinem Rad in einen Hinterhof einbiege und mich erwarten schon ein Dutzend hungrige Menschen, dann schlägt mein Herz vor Freude höher", schwärmt sie. Aus praktischen Gründen tragen die Baguettekreationen fantasievolle Namen, wie „Waldgeist" (mit Zucchini, Spinat und Thymian), „Mausekönig" (mit Käse) oder der „Rote Baron" (mit Roter Bete). An den Wochenenden organisiert sie Caterings oder beglückt Menschen und ihre Gaumen als Mietköchin.

„So mache ich – wie Pipi Langstrumpf – mir die Welt widewidewitt wie sie mir gefällt." Ihr nachhaltiges Geschäftsmodell, das allein über Mundpropaganda und Social Media funktioniert, findet nicht nur bei ihren Kunden Anklang, sie wurde kürzlich sogar zur „Klimaheldin Düsseldorfs" gekürt.

Ihr Angebot hält sie komplett fleischfrei. Teresa, die zwar ursprünglich durch eine Krankheit und nicht aus Tierliebe zum Vegetarismus fand, stellte sich irgendwann die Frage: „Warum muss jetzt dieses Tier daran glauben, wenn ich doch auch von allen anderen Dingen satt werde? Vor allem wenn Gemüse sogar noch viel geschmacksintensiver und farbenfroher ist als ein im Zweifelsfall schlechtes Stück Fleisch? Seitdem bin ich überzeugte Vegetarierin."

Damit es schmeckt, muss man beim vegetarischen Kochen sogar noch mehr Raffinesse zeigen: „Wenn man erreichen will, dass nicht nur gleichförmig durchgegarte Konsistenzen auf dem Teller liegen, sondern etwas Weiches, etwas Knackiges und eine Sauce, muss man meistens alle vier Herdplatten anmachen." Dass es schmeckt, ist inzwischen sehr vielen klar geworden. Auch den 90 Prozent ihrer Stammkunden, die sonst keine Vegetarier sind. „Mir hat mal eine Kundin geschrieben, dass sie ohne den ‚Roten Baron' nicht leben kann!"

„Mein Wunsch? Ich will niemanden bekehren, doch es wäre so schön, wenn der Rest der Welt nicht in Panik gerät, wenn er hört: Heute gibt's was Vegetarisches! Alle sollten vom Stuhl aufspringen und vor Freude schreien, weil Farben, Geschmack, Vielfalt und Saison auf den Teller kommen! Damit zusammenhängend wünschte ich, es gäbe ein größeres Bewusstsein für das, was man da in seinen Körper, in die eigene Person steckt. Du bist, was du isst – wie oft dieser Satz schon gefallen ist, ich weiß. Und doch steckt darin soviel Wahrheit. Nichts kommt näher an uns ran als Essen. Keine Klamotte ist uns so nah!"

WAS IST DEIN LIEBLINGSGERICHT? Pasta mit gebratenen Kräuterseitlingen. Salz, Pfeffer, Öl. Frische Petersilie.

WOHER RÜHRT DEINE FASZINATION FÜR ESSEN? Von Mama. Sie hat eine Vorratskammer, die den ganzen Keller einnimmt, einen immer vollen Kühlschrank und stets Gemüse vom Markt.

WAS WAR DAS BESTE ESSEN, DAS DU JE HATTEST? Es waren selbstgemachte Gnocchis bei meinem Lieblingsitaliener. Sie sahen aus wie kleine Meditationskissen, fluffig und doch hatten sie einen leichten Knack beim Reinbeißen und innen zerschmolzen Mozzarella und Tomate ineinander. Umwerfend.

WAS MACHT DICH GLÜCKLICH? Crème Catalane, Himbeeren, Wellant-Äpfel. Sonne. Herbst- und Winterluft. Schokolade.

WO UND WIE ISST DU AM LIEBSTEN? Am liebsten zu zweit und zu mehreren. Und ich liebe ehrliches Essen, sowohl privat als auch beim Essengehen. Kein Schnickschnack. Wenn ich mal einen berühmten Koch zitieren darf: „The simpler it is, the better it's gonna be." Hat er Recht, der berühmte Koch.

WAS GEHÖRT ZU EINEM PERFEKTEN ESSEN? Ein nettes Gegenüber. Und wenn alleine, dann mit Balkon und Musik.

DIE LETZTE GESCHMACKSÜBERRASCHUNG? So eine Art Ratatouille aus Auberginen, Tomaten, roten Zwiebeln, Aprikose und scharfem Ajvar. Dazu gebratener Halloumi und Stielmus.

DIE BESTE GESCHMACKSKOMBINATION, DIE DU KOCHEN KANNST? Mascarpone, mit weißer Schokoladen-Lavendelsauce und Heidelbeeren.

WAS IST DEIN LIEBLINGSGEWÜRZ? Eins? Thymian, Rosmarin und Zitrone!

HAST DU EINEN KULINARISCHEN TRAUM? Ein Traum ist schon wahr. Ich lege mein Essen in die Münder und Bäuche der Leute. Und sie fressen mir aus der Hand. Und die wenigsten davon sind Vegetarier!

SEMMELKNÖDEL MIT FETA, FELDSALAT UND GEBRATENEN PILZEN

„Das Knödelgericht habe ich für eine Fernsehsendung zusammengestellt, in der es um ein adäquates vegetarisches Weihnachtsgericht statt der üblichen Gans ging. Wenn man es noch etwas aufwendiger kochen will, dann kommen noch Maronen und kurz gebratener Babyspinat hinzu. Zusammen mit den Pilzen und den knackig leuchtenden Granatapfelkernen ist dieses Gericht die leckerste Konkurrenz zur Gans."

Als Haupgang für 4 Personen

Für die Semmelknödel

1 Kastenbrot oder altbackenes Baguette

2 rote Zwiebeln

Olivenöl

Salz

Pfeffer

200 ml Milch

4 Eier

1 Bund glatte Petersilie

ca. 200 g Feta

Für die Pilze

1 Handvoll Pilze pro Person (Kräuterseitlinge, Champignons oder Austernpilze)

Olivenöl

Salz

Pfeffer

Für den Feldsalat

1 Handvoll Feldsalat pro Person, nach Belieben mehr

1 Granatapfel

Walnusskerne, grob gehackt, zum Garnieren

Saft von 2 Clementinen

Olivenöl

Nussbutter (gebräunte, flüssige Butter) zum Servieren

Für die Semmelknödel das Brot in Scheiben, dann in Würfel schneiden und in eine Schüssel geben.

Die Zwiebeln klein würfeln und in etwas Olivenöl in einer Pfanne anschwitzen. Salzen und pfeffern. Mit der Milch aufgießen und etwas einköcheln lassen. Die Milch mit den Zwiebeln zu den Brotwürfeln geben und alles gut vermengen.

Die Eier mit einer Gabel verquirlen. Die Petersilie fein hacken. Den Feta mit den Fingern zerkrümeln. Alles zur Brot-Milch-Mischung dazugeben und untermischen. Den Teig 30 Minuten ruhen lassen.

Mit befeuchteten Händen aus dem Teig 8 runde Knödel formen und diese in siedendem Salzwasser 25 Minuten garen. Mit einer Schaumkelle aus dem Wasser herausnehmen.

Die Pilze säubern, bei Bedarf mundgerecht schneiden. Anschließend in etwas Olivenöl in einer Pfanne anbraten. Salzen und pfeffern.

Für den Salat den Feldsalat gut waschen und auf Tellern anrichten.

Den Granatapfel halbieren und die Kerne mithilfe eines Kochlöffels herausklopfen. Den Feldsalat mit Granatapfelkernen und Walnüssen garnieren. Mit Clementinensaft und Olivenöl beträufeln.

Die Semmelknödel neben dem Feldsalat anrichten und mit Nussbutter übergießen. Die Pilze um die Knödel herum verteilen.

WALDGEIST – BAGUETTE MIT ZUCCHINI, SPINAT UND THYMIAN

„Der ‚Waldgeist‘ ist eine meiner ältesten und beliebtesten Baguettekreationen.“

Als Snack für 2 Personen

2 Zucchini (ca. 250 g), geraspelt
1 rote Zwiebel, in Streifen geschnitten
1 Ei
etwas Mehl
Salz
Pfeffer
1 Prise geriebene Muskatnuss
100 g Feta
100 g Quark
Saft von ½ Limette
1–3 Zweige Thymian, Blättchen abgezupft
Olivenöl
Raps- oder Sonnenblumenöl zum Braten
2 kleine Baguettestangen
Babyspinat

Für die Puffer die Zucchiniraspel in einem Sieb ausdrücken und mit Zwiebeln, Ei, Mehl, Salz, Pfeffer und Muskat in eine Schüssel geben. Mit den Händen zu einem Teig vermengen. Falls der Teig zu wässrig ist, etwas mehr Mehl dazugeben.

Anschließend den Teig ruhen lassen.

Währenddessen aus zerbröseltem Feta, Quark, Limettensaft und Thymian einen Aufstrich anrühren. Mit einem Schuss Olivenöl wird die Creme noch etwas geschmeidiger.

In einer Pfanne etwas Raps- oder Sonnenblumenöl erhitzen. Mit einem Esslöffel Teig abstechen, in die Pfanne geben und flach zu Puffern drücken. Die Puffer von beiden Seiten anbraten, aber nicht zu heiß, damit sie schön grün bleiben. Anschließend abkühlen lassen.

Die Baguettes halbieren und mit der Fetacreme bestreichen. Den Babyspinat putzen, waschen und darüber verteilen. Die Puffer und die Baguetteoberseite darauflegen.

CRÈME CATALANA MIT GRANATAPFEL

„Crème Catalana gehört einfach zu meinen persönlichen, ewigen Lieblingsspeisen."

Als Dessert für 4 Personen

- 500 ml Milch
- 4 Eigelb
- 100 g Zucker
- 20 g Speisestärke
- brauner Zucker zum Karamellisieren
- Granatapfel bzw. saisonale Früchte oder Beeren (Erdbeeren, Himbeeren, Heidelbeeren, Rhabarber) zum Servieren

In einem Topf die Milch kurz aufkochen.

Inzwischen in einer Schüssel Eigelbe und Zucker cremig schlagen, dann die Speisestärke unterrühren.

Die heiße Milch in die Eigelb-Zucker-Mischung gießen, das Ganze gut vermengen.

Die Creme wieder zurück in den Topf geben und bei niedriger Hitze unter Rühren eindicken lassen.

Die heiße Creme dann in Gläschen oder Keramikschälchen füllen, kurz abkühlen lassen und dann kühl stellen.

Vor dem Servieren die Creme mit braunem Zucker bestreuen und mithilfe eines Gasbrenners karamellisieren. Oder die Schälchen kurz unter den heiß vorgeheizten Backofengrill stellen, dabei aufmerksam beobachten.

Mit Granatapfelkernen oder anderem Obst der Saison garnieren.

Ein Traum ist wahr geworden:
Ich lege mein Essen in die Münder
und Bäuche der Leute.

„Ich mach mir die Welt,
widewidewitt wie sie mir gefällt!“

Ich liebe ehrliches Essen. Sowohl privat als auch wenn man essen geht. Kein Schnickschnack. Wenn ich mal einen berühmten Koch zitieren darf: „The simpler it is, the better it's gonna be.“ Hat er Recht, der berühmte Koch.

KATHRIN
Photisserie

Wir können die Begeisterung für Kathrin Koschitzkis Küche nicht verbergen und glucksen vor Freude, als wir das schwarzweiß gekachelte und bis unter die Decke mit wunderschönen Töpfen, Pfannen, Pflanzen und Lebensmitteln gefüllte Herzstück ihrer Nürnberger Altbauwohnung betreten. „Bezaubernd“ ist das Wort, das einem einfallen muss, wenn man Kathrin so beobachtet, wie sie sich ebenso graziös wie energiegeladen ihre Wege durch die Küche bahnt. Und ebenso bezaubernd ist der Blog, durch den man sie kennt: Photisserie ist ein leises Meisterwerk, bestehend aus herzerwärmend-anmutigen Fotografien in Kombination mit leicht-spielerischer, zarter Patisserie und Kochkunst, die einem das Wasser im Munde zusammenlaufen lassen.

Seit sie sich erinnern kann, wollte sie Köchin werden. Aufgewachsen mit fünf Geschwistern und einem Großvater, der Jäger war, wurde in der Familie schon immer viel und gut gekocht. „Meine Mutter kann den perfekten Braten machen! Oder etwas Geschmortes! Nur das mit dem Backen … Also woher ich das habe, weiß ich nicht.“ Nach dem Abitur begann sie also eine Ausbildung in einem Drei-Sterne-Restaurant, doch schon nach nicht allzu langer Zeit stellte sie fest, dass ihre Erwartungen und Wünsche sich nicht mit der klassischen Kochausbildung vereinbaren ließen: „Die Arbeit im Restaurant ist echt knochenhart. Da muss man als kartoffelschälender Stift erstmal ein paar Jahre harte Arbeit und viel Geschrei hinter sich bringen, bevor man in einer solchen Küche kreativ werden kann.“ Die Aussicht, sich für die nächsten fünf oder zehn Jahre den Ideen und Idealen eines anderen Kochs unterordnen zu müssen, um dann erst die Möglichkeit zu bekommen, sich als Köchin selbst zu verwirklichen, ließ sie „das Kochhandtuch werfen“, wie Kathrin es schmunzelnd beschreibt.

So beschloss sie ihre zweite Leidenschaft, die Schönheiten des Lebens, zu ihrer Berufung zu machen und begann an der Fachhochschule Nürnberg ein Fotografiestudium. Bis sie auf ein internationales Programm von „Ferrandi“ (L'école supérieure de la cuisine Française) stieß. Daraufhin beendete sie in aller Eile das Studium und zog aus, um in Paris eine Ausbildung zur Pâtissière zu absolvieren.

„Du brauchst nur eine mit Liebe und Bedacht gebackene Tarte, ein großes Fenster, eine Kamera und voilà, du hast ein wunderschönes und im wahrsten Sinne des Wortes geschmackvolles Foto.“ Dass das so einfach sein kann, lernte sie damals zufällig in einem Laden, in dem sie arbeitete, als dort Aufnahmen für ein Kochbuch gemacht wurden. Und dort gibt es auch – so sagt sie – die besten Tartes Frankreichs.

Kathrin begann daraufhin sich auszuprobieren, denn im Studium war sie nie auf den Gedanken gekommen, Essen zu fotografieren. „Ich kannte nur diese hochglänzenden, fies eingefärbten Bilder von Essen, die mich nie ansprachen.“ Und so fand sie als „Photissière“ einen Weg, ihren Geschichten aus Paris einen Rahmen zu geben. Seit sie sich nach ihrer Rückkehr nach Nürnberg als Fotografin selbstständig gemacht hat, spielen sich die Geschichten nicht mehr nur in Paris ab, sondern überall dort in der Welt, wo das Zitronenlächeln sie hinführt. Dabei ist ihr Gefühl für Ästhetik und die Tatsache, dass sie gerne kocht, ihr bester Begleiter und Ratgeber: „Es ist wichtig, dass man Essen versteht! Denn wenn ich weiß, wie etwas eigentlich schmeckt oder wenn ich weiß, wie etwas aussieht, wenn es gut schmeckt, dann habe ich doch fast schon gewonnen.“

Dass sie dabei für sich den perfekten Beruf gefunden hat, kann man nicht nur sehen, wenn man sich die Zeit nimmt, in den Welten ihres Blogs verloren zu gehen, oder es schmecken, wenn man die Gabel in diesem saftigen Schokoladenkuchen versenkt, sondern auch nachvollziehen, wenn sie ihrem Hund Wilma zart über den Rücken streicht und mit ihrem bezaubernden Augenaufschlag sagt: „Ich reise, ich esse, ich lebe! Was kann ich noch mehr wollen?“

WAS SIND TYPISCHE GERICHTE DEINER KINDHEIT? Meine Patentante hat zu Ostern immer Paska gebracht. Das ist ein großer russisch-lettischer Kuchen. Der stand bei uns immer im Kühlschrank in der Waschküche und war so lecker, dass jeder aus der Familie heimlich in die Waschküche im Keller geschlichen ist, um sich noch ein kleines Stück abzubrechen. Neben der Kuchenglocke konnte man dann immer so eine kleine Krümelspur entdecken. Außerdem wohl das Lieblingsessen meiner Mutter – und definitiv auch unter meinen Top Drei: Ganz frische Steinpilze, mit angeschwitzten Zwiebeln und Semmelknödel!

WAS IST DIE BESTE GESCHMACKSKOMBINATION, DIE DU KENNST? Breze und Cola!

WESSEN WIRST DU NIE ÜBERDRÜSSIG? Karamell! Mit etwas Salz.

WAS IST DEIN LIEBLINGSGEWÜRZ? Viergewürz (weißer Pfeffer, Ingwer, Gewürznelke, Muskat). Es macht das „Orginial-Carrot-Cake-Geschmäckle“. Aber auf gar keinen Fall mit Fünfgewürz (chinesische Gewürzmischung) verwechseln! *(lacht)*

WO ISST DU AM LIEBSTEN? Zu Hause, mit Freunden, an diesem großen Tisch. Aber ich gehe auch gerne Essen, um mal was Neues auszuprobieren.

WAS BRAUCHST DU FÜR EIN PERFEKTES ESSEN? Die richtigen Leute! Ich esse lieber Spiegeleier mit Spinat und habe gute, gesellige Leute um mich herum, als ein traumhaftes Drei-Sterne-Menü, bei dem ich trockenen und langweiligen Menschen gegenübersitze.

WAS KOCHST DU, WENN DU WENIG ZEIT HAST? Alles, mit frischen tollen Zutaten – wobei das Kochen meistens cooler ist als das Essen hinterher. Aber als Gericht würde ich sagen: Petersilienspaghetti: Zwiebeln und Knoblauch ein bisschen karamellisieren lassen, etwas Zitronenschale dazu und dann die Petersilie. Wenn die Petersilie warm wird, entfaltet sie so einen wunderbaren süßlichen Geschmack. Und dann mit Spaghetti. Supereinfach. Superschnell. Und unglaublich lecker!

TARTE TATIN

Die Tarte Tartin kann vorbereitet in den Kühlschrank und wenn die Gäste sich langsam seelisch aufs Dessert vorbereiten, kommt er einfach in den Ofen. Und fertig!

Für eine Pfanne (Ø 24 cm)

100 g Zucker
40 g Butter
700 g säuerliche Äpfel
250 g Blätterteig
Crème fraîche zum Servieren

In einer großen, ofenfesten, runden Kasserolle oder Pfanne den Zucker mit 4 Esslöffeln Wasser stark erhitzen und so einen goldbraunen Karamell herstellen. Vom Herd nehmen, Butter dazugeben und alles gut verrühren.

Die Äpfel schälen und in 5 mm dicke Scheiben schneiden.

Den Backofen auf 170 °C vorheizen. Die Apfelscheiben auf dem Karamell zu einem Ring anordnen (Vorsicht, der Karamell ist sehr heiß!). Den Blätterteig dünn ausrollen, einen Kreis etwas größer als die Kasserolle ausschneiden und damit die Äpfel bedecken. Die Ränder mit den Fingern andrücken.

Die Tarte ca. 30 Minuten im Ofen goldbraun backen. Aus dem Ofen nehmen und ca. 15 Minuten abkühlen lassen, dann die Tarte kopfüber aus der Form stürzen. Mit Crème fraîche servieren.

„Der Schokoladenkuchen ist fast wie ein ‚Herrenkuchen' mit herber Schokolade. Meine Oma hatte in ihrer Handtasche immer ein Pfefferminz und ein Taschentuch. Ich hatte lange Zeit immer ein Stück Herrenschokolade dabei. Dazu passt dieser Kuchen."

SCHOKOLADENKUCHEN

Für 1 Springform (Ø 20 cm)

Für den Teig

250 ml frisch gebrühter, starker Kaffee

100 g Kakaopulver

2 Eier

150 ml Sonnenblumenöl

200 g Mehl

200 g brauner Zucker

5 g Natron

5 g Backpulver

5 g Salz

1 Prise geriebene Muskatnuss

Für die Glasur

200 ml Sahne

30 g Kakaopulver

150 g Vollmilchschokolade, gehackt

50 g Butter

1 Prise Salz

Den Backofen auf 180 °C vorheizen.

Von dem Kaffee 200 ml mit dem Kakao mischen. Den restlichen Kaffee beiseite stellen. Eier und Öl mit dem Stabmixer oder dem Rührgerät verquirlen, bis eine mayonnaiseähnliche Emulsion entsteht. Mehl, Zucker, Natron, Backpulver, Salz und Muskat in einer Rührschüssel vermengen. Die Kaffeemischung sowie die Eier-Öl-Emulsion dazugeben und alles mit einem Löffel leicht verrühren. Die Springform einfetten, den Teig einfüllen und 40 – 50 Minuten backen. Für die Glasur Sahne und Kakao aufkochen, dann vom Herd nehmen. Die Schokolade dazugeben und rühren, bis sie geschmolzen ist. Die Butter in Stücken und das Salz einrühren. Die Glasur kann im Kühlschrank aufbewahrt werden. Sie wird etwas fester, wenn sie erkaltet, kann aber bei Bedarf einfach wieder erwärmt werden.

Den Kuchen aus der Form lösen, auf eine Kuchenplatte stürzen und mit dem restlichen Kaffee beträufeln.

Die Schokoladenglasur mit der Rückseite eines großen Löffels auf dem Kuchen verstreichen.

Es gibt nichts Schlimmeres als
den Teig zu „überschlagen“.
Lieber ein paar Mehlklumpen drin lassen,
das ist total in Ordnung.

Leute haben immer Angst, dass der Kuchen zu viel Feuchtigkeit kriegt. Das verstehe ich nicht. Eigentlich kann ein Kuchen nicht feucht genug sein! Deshalb kommt auf den Kuchen, den ich frisch aus dem Ofen hole, ein Teller. So kühlt er aus, das Wasser kondensiert und die Feuchtigkeit sammelt sich so richtig schön im Kuchen.

KAROTTENKUCHEN

„Ich gehe bei Kuchen selten über die Temperatur. Mit 180°C ist man eigentlich immer gut bedient und dann regele ich das über die Zeit. Immer zwischendrin nachprüfen, ob der Kuchen gut ist. Nach Hälfte der Backzeit mit einem Messer am Rand entlang gehen. Dann kann der Kuchen auch an der Seite schön hochgehen und man kriegt nicht so einen Knubbel.“

Für 2 Springformen (Ø 16 cm)

300 g Apfel, gerieben
300 g Mehl
250 g Zucker
2 TL Natron
1 TL Zimtpulver
½ TL Salz
½ TL Viergewürz (Pfeffer, Ingwer, Muskatnuss, Nelke)
150 ml Sonnenblumenöl
100 g Butter, zerlassen
3 Eier
80 g Walnusskerne, nach Belieben gehackt
300 g Karotten, gerieben
40 g Kokosnuss, frisch geraspelt
Fett für die Form

Für das Frosting
450 g Frischkäse
75 g Zucker
50 g Kokosraspeln

Den geriebenen Apfel in einem Topf ca. 5 Minuten leicht dünsten, dann beiseite stellen.

Mehl, Zucker, Natron, Zimt, Salz und Viergewürz in einer großen Schüssel mischen. Sonnenblumenöl mit der abgekühlten Butter und den Eiern verquirlen. Die Mehlmischung unterrühren. Nüsse, Karotten, Apfelkompott und Kokosraspeln unterheben.

Den Backofen auf 175 °C vorheizen. Die Formen einfetten, den Teig einfüllen und ca. 30–40 Minuten backen. Anschließend den Kuchen auskühlen lassen.

Für das Frosting Frischkäse und Zucker mit dem Schneebesen gut verrühren. Die beiden Kuchen halbieren. Die oberen und unteren Hälften oben mit Frosting bestreichen. Die Böden alle aufeinandersetzen, mit einer Oberhälfte abschließen. Mit Frosting rundum bestreichen und mit Kokosraspeln bestreuen.

BOSCH
LONDON
BOSCH

LEO & MIA
Stolen Supperclub

Wenn Nachahmung die höchste Form der Anerkennung ist, dann ist der Supperclub von Mia Kulla und Leandro Santos, alias Bonnie und Clyde, nichts anderes als eine Hommage an die besten Köche dieser Welt: Jeden Montag veranstalten die beiden in einem kleinen Reihenhaus in Notting Hill einen Abend ganz im Zeichen eines ausgewählten Kochs.

Dabei wirbelt Leo, der ursprünglich aus Brasilien stammt und in den letzten zehn Jahren in den renommiertesten Restaurants Londons gekocht hat, durch die offene Küche und bringt mit einer wahnwitzigen Geschwindigkeit und Virtuosität die „Signature Dishes" eines Marc Hix', Tom Aikens oder Nobuyuki Matsuhisas auf den Tisch. Das ehemalige Model Mia – halb deutsch, halb japanisch und in Hessen aufgewachsen – sorgt mit ihrer sprudelnden Art und langjährigen Gastronomieerfahrung für die einzigartige Atmosphäre am Abend. Dabei achtet das Paar bei der Veranstaltung auf jedes Detail: Nicht nur die Gerichte stammen eigentlich aus den Töpfen der Imitierten, sondern auch die Dekoration des Raumes, der Tische, ja sogar der Lebensmittel- oder Weinlieferant wird je nach Vorlage ausgewählt. Nur so kann das perfekte High-Class-Erlebnis funktionieren und bleibt gleichzeitig erschwinglich.

Wer nun meint, die zwei seien unter den bestohlenen Köchen verhasst, liegt ziemlich falsch. Nicht nur, dass sie mit einigen der namhaftesten Köche gut befreundet sind, der ein oder andere stand ihnen sogar mit Ratschlägen zur Zubereitung oder Menüfolge zur Seite. „Kochen ist im Prinzip etwas sehr Persönliches. Köche fühlen sich geehrt, wenn sich jemand für sie und ihre Arbeit interessiert. Wahrscheinlich sind deshalb die meisten Köche sehr hilfsbereit", erzählt Leo, während er für uns die berühmte Balthazar'sche Zwiebelsuppe gratiniert. „Alle Köche lassen sich von anderen Köchen inspirieren oder schauen gegenseitig voneinander ab. Wir geben es einfach zu. Inspiriert durch andere, ausgeführt von uns", fügt Mia verschmitzt hinzu.

Ihnen ist es außerdem wichtig, etwas zu kochen, was man als Anreiz mit nach Hause nehmen kann. „Wir fragen, welchen Lieblingskoch jemand hat oder von wem jemand etwas essen mag und häufig wird Heston Blumenthal genannt. Aber da müssen wir sagen: Leute, wir kochen in einer normalen Küche, wir haben nur einen Koch. Und Heston Blumenthal hat eine Küche mit Laborausstattung und 42 eigenen Köchen."

Die gemeinsame Reise begann im Jahr 2010 mit einem Marktstand. So wollten sie austesten, wie ihre Gerichte ankamen, die sie zu jeweils 5 Pfund anboten. Der erste Supperclub hatte dann fünf Gäste, mittlerweile sind es bis zu dreißig und die Location platzt aus allen Nähten. „Ach, wie oft sagen wir, dass das alles viel zu stressig ist. Man muss so viel planen und mehrfach einkaufen gehen. Aber wenn die Leute gehen und fragen, wann der nächste Abend stattfindet, sind wir wieder versöhnt!" Trotzdem steht bald eine Veränderung an, denn „mittlerweile ist der Supperclub einfach zu groß geworden. Der nächste Schritt ist ein eigenes Restaurant."

WESSEN WIRST DU NIE ÜBERDRÜSSIG? *Mia:* Essen und Klamotten. Mamas Essen oder Hausmannskost. Japanisches Essen. Aufmerksamkeit. *Leo:* Mia *(gibt ihr einen Kuss)*. Hauptsächlich Fleisch. Ich liebe Steaks. Oder auch Reisbohnen, nach brasilianischer Art. BBQ.

WAS IST EUER LIEBLINGSGERICHT? *Mia:* Momentan alles, was man schnell und mit den Händen essen kann, Pizza oder so *(lacht)*. Am Ende des Tages etwas Einfaches. Einfach, aber mit guten Zutaten. Gute Zutaten sind eine Menge wert.

WAS WAR EIN TYPISCHES ESSEN AUS EURER KINDHEIT? *Leo:* Reis und Bohnen, brasilianisch. Pasta mit Wurst, Frankfurter Würstchen. Und kleine Tartes mit Schinken und Käse. *Mia:* Nattō, das sind fermentierte Bohnen, mit rohem Ei angemacht. Es ist fürchterlich, meine Freunde mögen es nicht. Und Zwetschgenknödel mit Brösel, die meine Oma gemacht hat.

WAS MACHT EINEN GUTEN KOCH AUS? *Leo:* Du musst das Kochen und das Essen lieben, brauchst Leidenschaft und du darfst nicht aufhören, von anderen Köchen und aus deinen Fehlern zu lernen.

GIBT ES EINE KÜCHE, DIE IHR AM LIEBSTEN NACHKOCHT? *Mia:* Was Leute am liebsten mögen, ist die Küche von Ottolenghi. Leo: Am liebsten koche ich rustikal britisch. Bei den Chefköchen ist Marc Hix mein Favorit.

WAS IST DIE LETZTE GESCHMACKS-ÜBERRASCHUNG, AN DIE IHR EUCH ERINNERN KÖNNT? *Mia:* Für mich war es bei Tom Aiken. Als Vorspeise gab es Tomatenjelly, das war einzigartig frisch. *Leo:* Hähncheninnereien. Das gab es neulich bei Freunden und ich wollte es eigentlich nicht probieren, aber es war: „Wow"!

WAS IST DIE BESTE GESCHMACKSKOMBINATION, DIE IHR KENNT? *Leo:* Käse und gelbe Quitten, Azuki-Bohnen und Grüner-Tee-Eiscreme. Schweinebauch und Rhabarberkompott. *Mia:* Rotwein und Käse, Erdbeeren und Sahne, Zwiebelmarmelade.

HABT IHR LIEBLINGSGEWÜRZE? *Leo:* Kumin, zerstoßene Koriandersamen, weißen und schwarzen Pfeffer, Safran, Paprika, egal, ob süß oder scharf. *Mia:* Koriander und süßen Paprika. Halt asiatisch.

WAS IST EUER LIEBLINGSESSEN? *Leo:* In Deutschland ist mein Lieblingsessen Currywurst. Und Spargel. Es gibt, glaube ich, kein Land, das soviel mit Spargel macht.

WO ESST IHR AM LIEBSTEN? UND WAS GEHÖRT DAZU? *Mia:* Gute Gesellschaft, Alkohol und ein Essen, das mit Liebe gemacht wurde. *Leo:* Gute Gesellschaft, draußen sitzen, gute Drinks, ein sonniger Tag, fünf bis sechs Gerichte in einem. Aber das allerbeste ist, wenn man zu Hause von Mutter bekocht wird.

WAS MACHT DICH GLÜCKLICH? *Leo:* Mia. *Mia:* Leo. *Leo:* Meine Familie, Geld hat dagegen keine Bedeutung.

CAESAR SALAD

Eine Inspiration aus dem „Oblix" in London.

Für 2 Personen

100 g Mayonnaise
Saft von 1 Zitrone
3 eingelegte Sardellenfilets, abgetropft
1 kleine Zwiebel, fein gehackt
2 Knoblauchzehen, fein gehackt
1 EL Worcestershiresauce
2 Spritzer Tabascosauce
Salz
Pfeffer
50 g Parmesan, gerieben, nach Belieben mehr
5 Scheiben Parmaschinken
einige dünne Scheiben Sauerteigbrot
Olivenöl
1 Romanasalat
Parmesanspäne zum Bestreuen

Für das Dressing Mayonnaise, Zitronensaft, Sardellen, Zwiebel, Knoblauch, Worcestershiresauce, Tabasco, 1 Prise Salz sowie Pfeffer mit einem Mixstab cremig schlagen. Dann den Parmesan unterrühren, um dem Dressing „Biss" zu geben.

Den Ofen auf 170 °C vorheizen. Den Parmaschinken auf dem Ofengitter in etwa 15 Minuten knusprig braten. Herausnehmen und beiseite stellen.

Für die Croutons die Brotscheiben mit Olivenöl bestreichen und pfeffern. Wie den Schinken auf dem Ofengitter goldbraun rösten. Dann die Scheiben in kleine Würfel schneiden.

Den Romanasalat in Blätter teilen, waschen und mit einem Pinsel jedes Blatt mit reichlich Dressing bestreichen. Auf einer großen Servierplatte anrichten. Die Schinkenscheiben und Croutons dazwischen verteilen. Parmesanspäne darüber streuen und servieren.

KREBSKÜCHLEIN

Für 4 Personen

500 g weißes und braunes Krebsfleisch
¼ Apfel (Granny Smith), geschält und gewürfelt
1 Stange Sellerie, gewürfelt
2 Frühlingszwiebeln, in dünne Ringe geschnitten
3 EL gehackter Schnittlauch
Saft und abgeriebene Schale von 2 Limetten
Salz
Pfeffer
50 g Mayonnaise
1 Ei, leicht verquirlt
Panko-Mehl (japanisches Paniermehl aus Brotkrumen)
Butter
nach Belieben Salatblätter und Zitronenspalten zum Garnieren

Bei Bedarf Schalenstücke aus dem Krebsfleisch entfernen. Krebsfleisch, Apfel, Sellerie, Frühlingszwiebeln, Schnittlauch sowie Limettensaft und -schale gut vermengen, mit Salz und Pfeffer würzen. Nicht zu lange mischen. Die Mayonnaise vorsichtig unterheben.

Aus dem Teig kleine Küchlein formen und diese im Kühlschrank mindestens 1 Stunde ruhen lassen.

Den Backofen auf 170 °C vorheizen.

Die Küchlein durch das Ei ziehen und im Panko-Mehl wenden.

Etwas Butter in einer Pfanne zerlassen und die Küchlein darin auf beiden Seiten goldbraun braten.

Die Krebsküchlein im Ofen 7 Minuten fertig garen.

Auf einer Servierplatte nach Belieben mit Salatblättern und Zitronenspalten anrichten. Dazu schmeckt eine Sauce Tartare.

GRATINIERTE ZWIEBELSUPPE

„Eine Inspiration aus dem Balthazar-Restaurant in London.

Diese einfache Suppe wird durch Zwiebeln, Portwein und eine Haube aus Greyerzer sehr herzhaft und sättigend.

Zur Suppe gibt es eine kulinarische Tradition aus dem Bordeaux, ‚Chabrot' genannt: Man gießt einen großzügigen Schluck Rotwein in den letzten Rest heißer Brühe in der Schale, schwenkt das Ganze einmal durch und genießt die Mischung in einem Schluck direkt aus der Schüssel. Angeblich schmeckt dieser Schluck noch besser, wenn man dabei nackt ist, was nicht unbedingt zur Tradition gehört. Wir waren dazu zu schüchtern."

Für 6 Personen

60 ml Olivenöl

4 mittelgroße gelbe Küchenzwiebeln, geschält, längs halbiert und in ½ cm dicke Scheiben geschnitten

1 EL Butter

1 Knoblauchzehe, in dünne Scheiben geschnitten

4 Zweige Thymian

1 Lorbeerblatt

1 EL Salz

¼ EL frisch gemahlener weißer Pfeffer

180 ml Weißwein

knapp 2 l frisch gekochte Hühnerbrühe

120 ml Portwein

6 Scheiben rustikales Weißbrot, etwa 2 ½ cm dick, getoastet

300 g Greyerzer, grob geraspelt

Das Olivenöl in einem großen Topf (5 Liter Fassungsvermögen) bei mittlerer Hitze erwärmen. Die Zwiebeln darin unter Rühren etwa 30 Minuten goldgelb anbraten.

Butter, Knoblauch, Thymian, Lorbeer, Salz und Pfeffer dazugeben und 10 Minuten weitergaren. Die Temperatur erhöhen und den Weißwein dazugießen. Aufkochen lassen und in 3–5 Minuten auf die Hälfte einkochen.

Die Brühe dazugießen und die Suppe 45 Minuten köcheln.

Den Backofengrill vorheizen. Thymian und Lorbeer aus der Suppe entfernen und den Portwein unterrühren. Die Suppe auf 6 ofenfeste Schälchen verteilen. Jeweils 1 Brotscheibe darauflegen und mit dem Greyerzer bestreuen. Die Suppe unter dem Ofengrill etwa 3 Minuten überbacken, bis der Käse goldbraun und geschmolzen ist. Vor dem Servieren etwa 3 Minuten abkühlen lassen.

ETON MESS MIT ERDBEEREN

„‚Eton Mess‘ ist ein typisch britisches, einfaches Dessert: Die Erdbeeren lassen sich gegen jedes andere Beerenobst der Saison ersetzen. Wir verwendeten Erdbeeren, weil zur Zeit das Tennisturnier in Wimbledon stattfindet, bei dem Erdbeeren mit Sahne Tradition haben.

Das Rezept stammt von Marc Hix, einem Freund und Küchenchef, der in London gerade sehr en vogue ist.“

Für 4 Personen

Für das Baiser

1 Eiweiß

65 g Zucker

Für die Erdbeeren

200 g reife Erdbeeren, geputzt

100 g Zucker

500 g Crème double (Sahne mit 40 % Fett)

einige Tropfen Vanilleextrakt (oder ½ TL Vanillezucker)

Für das Baiser das Eiweiß in einer sauberen Schüssel steif schlagen. Dabei langsam den Zucker einrieseln lassen. Rühren, bis der Eischnee Spitzen zieht.

Ein Backblech mit Backpapier auslegen. Die Baisermasse etwa 2 cm dick auftragen und glatt streichen. Bei niedrigster Hitze etwa 6–7 Stunden mehr trocknen als backen, bis das Baiser trocken und leicht zerbrechlich ist.

Die Hälfte der Erdbeeren mit der Hälfte des Zuckers im Mixer glatt pürieren. Durch ein Sieb streichen, um die Kerne zu entfernen.

Die Crème double mit dem restlichen Zucker und dem Vanilleextrakt oder Vanillezucker in einer Schüssel aufschlagen. Das Baiser in Stückchen brechen und mit der Hälfte des Erdbeerpürees unter die Sahne heben. Die Zutaten nur leicht verrühren, sodass noch ein Streifenmuster zu sehen ist.

Die restlichen Erdbeeren in Scheiben schneiden. Etwas Baisersahne in Dessertschalen anrichten, etwas Erdbeerpüree darüber verteilen und erneut Baisersahne daraufgeben. Mit Erdbeerscheiben garnieren und servieren.

LISA

Pärlans Konfektyr

Die im Herzen von Södermalm gelegene „Pärlans Konfektyr" verzaubert ihre Kunden mit handgefertigten Karamellvariationen, ganz im Look der 1930er- und 1940er-Jahre. Schon weit bevor sich die Erwartungen von cremig-zarten und auf der Zunge zergehenden Karamellbonbons erfüllen können, trägt einem der Stockholmer Wind den malzig-süßen Geruch von geschmolzenem Zucker um die Nase.

Gegründet wurde die Manufaktur von Lisa Ericson, einer Lebensmittelwissenschaftlerin, im Dezember 2010, nachdem sie einige Monate in Japan verbracht hatte und fasziniert war von der japanischen Begeisterung für Süßigkeiten. „Es gibt ganze Etagen, gefüllt mit süßen Köstlichkeiten, die wie kostbare Juwelen dargeboten werden. In jeder Verpackung, jeder Zubereitung, in jedem Detail steckt so viel Liebe und Respekt vor dem Produkt. Es ist alles wirklich wunderschön." In diesem Augenblick wusste sie, dass es Zeit war, ihren alten Job in der Lebensmittelproduktion aufzugeben und endlich etwas Eigenes zu beginnen: „Etwas, was das Süße mit dem Schönen und Lebhaften verbindet; Etwas, das die Leute glücklich macht."

Zu dieser Zeit traf sie sich mit ihren Freunden zum „Lindy Hop", einem Swing-Tanz aus den 1930er- und 1940er-Jahren und fand heraus, dass zur Hochzeit des Lindy Hops in Schweden Karamellbonbons die populärste Süßigkeit waren. „Es war quasi eine Fügung des Schicksals!" Kurzerhand engagierte sie also ihre Freunde und begann mit der Karamellproduktion.

Die Karamellbonbons werden in der hauseigenen Küche, in die man dank der riesigen Fensterfront hineinschauen kann, hergestellt. Die Hauptzutaten sind Zucker, Butter und Sahne, dazu kommen je nach Geschmacksrichtung beispielsweise Salz, Pfefferminzbonbons oder Kakaobohnen. Das alles wird vermischt und bis zu einer Temperatur von 124 °C erhitzt. Die Temperatur ist dabei der entscheidende Faktor: Wird die Mischung zu heiß, verlieren die Bonbons ihre wohlig-weiche Konsistenz. „Es sind nur ein paar Grad, die den Unterschied machen und ab und zu passiert es uns auch, dass wir zu harten Karamell entsorgen müssen." Die Karamellmasse muss mindestens fünf Stunden auskühlen, bevor sie geschnitten und verpackt werden kann, was dazu führt, dass sich die Bonbonproduktion immer auf zwei Tage aufteilt.

„Mein Vater arbeitete im Milchgeschäft und vielleicht musste es auch deshalb etwas mit Sahne und Butter sein", erzählt sie lachend. Leise dringt dabei der Swing der 1930er-Jahre aus den Lautsprechern und wir probieren uns raschelnd durch alle Sorten der liebevoll von Hand geschnittenen Bonbons. Lisa ist stolz auf die Ehrlichkeit und Konsequenz ihrer Produkte: Die Rezeptur des Karamells hat sie über Tage hinweg selbst erarbeitet, das Interieur und das Verpackungsdesign ist zusammen mit ihren Freunden entstanden.

Dass die Persönlichkeiten und Vorlieben von allen, die im Laden arbeiten, involviert werden, macht aus dem Gesamten etwas Besonderes.

WAS BRAUCHST DU FÜR EIN PERFEKTES ESSEN? Die Gesellschaft ist das Wichtigste. Um ehrlich zu sein, was ist schon gutes Essen ohne gute Gesellschaft?

WAS IST DEIN LIEBSTES GEWÜRZ? Koriander und Limetten! Wir kochen oft mexikanisch und da tauchen die beiden Zutaten immer wieder auf.

DEIN LIEBSTES KÜCHENUTENSIL? Meine Hände! Wenn ich für mich und meine Familie koche, benutze ich am liebsten meine Hände.

DAS BEMERKENSWERTESTE GESCHMACKSERLEBNIS, AN DAS DU DICH ERINNERN KANNST? Szechuanpfeffer. Es ist eine kleine Pflanze, die in der chinesischen Küche verwendet wird. Der Geschmack vereint so viele unterschiedliche Gewürze. Es ist ein bisschen wie Minze, ein bisschen wie Kardamom und ist dabei so scharf wie Chili.

WAS SIND DIE TYPISCHEN GERICHTE DEINER KINDHEIT? Ich bin auf dem Land groß geworden und wir hatten einen kleinen Garten, aus dem fast alles stammte, was wir gegessen haben. Im Sommer gab es immer frische Zuckerschoten! Im Winter dann viel Wurzelgemüse mit Elch oder anderem Wild, das mein Vater gejagt hatte.

HAST DU EINEN KULINARISCHEN TRAUM? Ich würde sehr gerne mehr Läden wie diesen hier eröffnen, aber leider reagiert Karamell sehr schnell auf Hitze und Luftfeuchtigkeit. Selbst hier im kalten Schweden haben wir manchmal Schwierigkeiten, im Sommer die richtige Konsistenz beizubehalten. Dabei wäre es spannend, einen solchen Laden im Süden Asiens aufzumachen.

MANDELFLAN MIT VANILLEEIS UND ZITRONEN-KARAMELL-SAUCE

„Mandelflan", karamellige Mandeltaler, gelingen am besten, wenn man die Grundmasse einige Minuten kochen lässt. Sie passen zu jedem Dessert, wie hier zu Eiscreme, sind aber auch für sich allein ein Gedicht.

Für 4–6 Personen

Für den Mandelflan

50 g Butter
100 g gehackte Mandeln
50 g Zucker
½ EL Honig oder Traubenzucker
1 EL Mehl
½ EL Milch

Den Ofen auf 175 °C vorheizen.

Für den Mandelflan Butter in einem hohen Topf zerlassen und die Mandeln, Zucker, Honig oder Traubenzucker, Mehl und Milch dazugeben. Die Masse bei niedriger Hitze 1–2 Minuten köcheln lassen.

Die Karamellmischung dünn kreisförmig auf Backpapier aufstreichen und im Ofen 6–7 Minuten backen. Etwas abkühlen lassen, die Taler sollen aber noch elastisch sein. Die Taler über ein Glas oder eine andere Form stülpen und zu Schälchen biegen. Anschließend komplett auskühlen lassen.

Für die Zitronen-Karamell-Sauce die Sahne, Butter, die aufgeschlitzte Vanilleschote, Zitronensaft und -öl sowie Salz in einen Topf geben und bei niedriger Hitze erwärmen, bis die Zutaten miteinander verschmolzen sind.

Für die Zitronen-Karamell-Sauce

200 ml Sahne
80 g Butter
½ Vanilleschote
50 ml Zitronensaft
½ TL Zitronenöl
½ TL Meersalz
170 g Traubenzucker
250 g Zucker
frische Himbeeren zum Garnieren

Traubenzucker und Zucker in einem gusseisernen Topf vermengen und erhitzen, bis der Zucker geschmolzen ist. Anschließend köcheln, bis die Masse bernsteinfarben wird (bei etwa 170 °C, am besten mit dem Zuckerthermometer messen). Den Karamell vom Herd nehmen.

Die Sahnecreme vorsichtig unter den Karamell ziehen. Die Mischung nochmals köcheln, bis sie eine Temperatur von 108 °C erreicht hat. Sofort vom Herd nehmen und die Vanilleschote entfernen.

Zum Servieren in den Mandelflan Vanilleeis geben. Darüber etwas Zitronen-Karamell-Sauce verteilen und mit Himbeeren garnieren.

Am meisten verkaufen
wir die Karamellbonbons
mit Meersalz und Lakritz.
Mein persönlicher
Favorit sind allerdings
die mit Zitrone!

Es ist ein sehr traditionelles, schwedisches Gericht. Es stammt aus einem Kochbuch, das in den 1920er-Jahren zum ersten Mal veröffentlicht wurde und sich seitdem in den Regalen der Schweden hält.

PATRICK
Vegan Cuisine

Patrick Janoud hatte schon immer einen Draht zum Kochen. Aufgewachsen mit einer Mutter, die immer viel und alles frisch kochte – „Da gab es keine Tütensuppen oder Fertigprodukte. Alles war immer handgemacht." – und einem Vater, der einen kleinen Imbiss besaß, in dem Patrick oft in der Küche aushalf. Und doch war die Entscheidung, Koch zu lernen, nicht die eigene: Seine Mutter schrieb ihn einfach in der Kochschule ein.

Den Entschluss, vegan zu leben, traf er nach dem ersten Lehrjahr, was die für ihn bereits eher langweilige Ausbildung weiter erschwerte: „Immer diskutieren zu müssen, ob ich das anfassen will oder nicht ..." Die radikale Umstellung war dabei eine rein politische Entscheidung. Viele seiner Freunde ernährten sich bereits vegan und der letzte Anstoß kam aus der Musik – von Bands wie Minor Threat, die in den 1980er-Jahren den Weg in die Straight-Edge-Bewegung ebneten. „Das war schon recht extrem alles. Ich habe an vielen Aktionen teilgenommen, wie Tierbefreiungen und sowas", sagt er lächelnd und verschränkt seine tätowierten Arme. Der Veganismus hat ihm aber auch die Lust und Freude am Kochen zurückgebracht. „Man kocht jeden Tag für sich, verwendet in fast jedem Falle frisches Obst und Gemüse und sieht plötzlich, was mit Essen alles möglich ist."

Die ersten vier Jahre nach seiner Lehre arbeitete sich Patrick zunächst durch jede Menge Gelegenheitsjobs: Er räumte Regale ein, arbeitete in Skateshops oder verkaufte bei kleineren Konzerten vegane Burger. Dass er irgendwann in Restaurants arbeiten würde, kam ihm dabei eigentlich nicht in den Sinn. Bis er von heute auf morgen in einem der ersten veganen Restaurants in München als Küchenchef eingestellt wurde. Sechs Monate später ging er nach New York, von dort nach London und ein Jahr darauf zog es ihn in das damals beste vegetarische Restaurant Englands: das „Terre à Terre" in Brighton. Obwohl zunächst sogar das Abschmecken mit zwar fleischlosen, dennoch tierischen Produkten problematisch war, hatte ihn der Wissensdurst gepackt. So stand Patrick vor der persönlich sehr schwierigen Entscheidung, seine Ansichten der optimalen Lebensgestaltung von Tier und Mensch für die Erweiterung seines beruflich-kulinarischen Hintergrunds an zweite Stelle zu rücken. Und tatsächlich begann er, sich durch die Küchen preisgekrönter Restaurants zu arbeiten: Vom „Viajante" in London, über das „Noma" in Kopenhagen bis hin zu „The Fat Duck", wo er mit Heston Blumenthal an dessen letztem Kochbuch arbeitete. „Es war ein sehr, sehr harter Weg, aber ich bin eben Koch. Und es ist einer der wenigen Berufe, in dem du jeden Tag etwas Neues lernen kannst, wenn du es denn willst – immer und immer mehr."

Auch wenn er zähneknirschend zugibt, dass er sich nach über zwölf Jahren nun wieder „normal" ernährt, gibt es keinen Zweifel daran, dass das, was er für sich aus allen Stationen mitgenommen hat, von einer Philosophie begleitet wird: „Bei allem, was ich koche, denke ich nicht nur an den Geschmack, sondern immer auch an die Gesundheit, Nachhaltigkeit und Regionalität." Der Fokus liegt dabei auf einer kulinarischen Ehrlichkeit, die sich durch alle seine Gerichte zieht und die deutlich wird, wenn die mit Schneebesen und Messer permanent verzierten Finger liebevoll und konzentriert Teller anrichten.

Was ihm das Kochen bedeute? „Koch zu sein ist sicher einer der härtesten und undankbarsten Berufe der Welt: Du schwitzt dich fast zu Tode, es ist alles stressig, du kannst kaum noch laufen und wirst dabei noch unheimlich oft angeschrien. Und doch ist es auch der tollste Beruf, den ich mir vorstellen kann: Du hast das Privileg, für Menschen zu kochen, ohne dass du ihr Freund oder Nachbar bist. Etwas Schöneres gibt es doch gar nicht!"

ERINNERST DU DICH AN EINE GESCHMACKSÜBERRASCHUNG? Ja, Wassermelone mit Estragon und schwarzem Pfeffer. Das kannte ich so gar nicht und es war wahnsinnig gut. Das war ein geschmacklicher Augenöffner.

WAS IST DIE BESTE GESCHMACKSKOMBINATION? Oh, alles mit brauner Butter *(grinst)*. Ich bin ein Brauner-Butter-Fanatiker. Ich kann das zu allem essen.

WENN'S SCHNELL GEHEN MUSS, WAS KOCHST DU? Dann esse ich witzigerweise diese ultraschlechten Ramen-Nudelsuppen für 39 Cent. Davon ernähre ich mich seit vier Jahren durchgängig an Tagen, an denen ich keine Zeit habe, zu kochen. Ich mache mir dann eine eigene Brühe dazu und was ich gerade noch da habe: auch mal ein Stück Fleisch oder ein ganz kurz gekochtes Ei und natürlich Gemüse. Das ist so meine Essenssünde, glaube ich.

WAS IST DEIN LIEBLINGSGEWÜRZ? Thymian und schwarzer Pfeffer.

WO UND WIE ISST DU AM LIEBSTEN? Ich hab's eigentlich lieber gemütlich. Ich gehe nicht gerne in Sternerestaurants, weil's dann immer so zugeknöpft ist und ich das gar nicht haben kann über einen längeren Zeitraum.

WAS GEHÖRT FÜR DICH ZU EINEM PERFEKTEN ESSEN DAZU? Leidenschaft! Es kommt nicht mal groß drauf an, was für Zutaten verwendet wurden. Nur, dass man merkt, dass derjenige es mit Lust zubereitet hat, dass er sich Gedanken macht, wie er das Produkt einsetzt und wieviel Respekt er vor dem Produkt hat. Dass man spürt, dass derjenige das für dich gekocht hat, weil er unglaublich viel Lust darauf hatte und nicht, weil ihm jemand gesagt hat, dass er es machen muss.

WAS IST DEIN LIEBLINGSESSEN? Hmm, gute Pasta, Risotto, ein gutes Curry oder einfach eine gegrillte Aubergine mit Quinoa. Essen mit viel Liebe und Kick. Ich liebe extreme Geschmäcker. Aber ach – ich liebe Essen einfach. Wenn es mit Liebe gemacht ist, dann kann man das schmecken und jeder ist glücklich.

ROTE BETE, MANDEL, SPINAT, APFEL UND BRUNNENKRESSE

Man sollte mit dem Rezept einen Tag im Voraus beginnen!

Als Vorspeise für 4 Personen

Für die geröstete Rote Bete

100 ml natives Olivenöl extra

2 Zweige Rosmarin

4 große Knollen Rote Bete

Salz

Für das Dillöl

1 Bund Dill

50 ml Olivenöl

Für die Spinatsauce

1 kg Wurzelspinat (die ganze Spinatpflanze mit Wurzeln)

2 Schalotten

1 Knoblauchzehe

1 TL Pflanzenöl

50 ml selbstgemachte Gemüsebrühe

Für die Cashewcreme

100 g Cashewkerne, über Nacht eingeweicht

1 Schalotte

1 TL Pflanzenöl

1 Knoblauchzehe

50 g Würzhefe

20 ml Zitronensaft

Salz

Pfeffer

Für die Mandelerde

100 g Mandeln

abgeriebene Schale von 1 unbehandelten Zitrone

20 g Agavendicksaft

5 g Salz

Zum Anrichten

1 Apfel

1 Bund frische Brunnenkresse

8 Kapuzinerkresseblüten

4 Kapuzinerkresseblätter

Das Olivenöl mit dem Rosmarin 24 Stunden in einem Topf bei 50 °C ziehen lassen. Es sollte langsam erhitzt werden, sodass der Rosmarin nicht bitter wird, aber Geschmack abgibt.

Den Backofen auf 160 °C (am besten Dampfstufe) vorheizen.

Die Rote Bete schälen, dann mit Rosmarinöl und Salz einreiben. Anschließend 40 Minuten im Backofen garen. Mit dem Messer testen, ob die Knollen weich sind. Vorsicht: Nicht zu lange backen, sie garen beim Abkühlen noch etwas nach.

Den Dill putzen, waschen, kurz in kochendem Wasser blanchieren und dann in Eiswasser abschrecken. Das Öl und den Dill im Mixer zu einem feinen Dillöl verarbeiten.

Den Spinat putzen, waschen, dann kurz in kochendem Wasser blanchieren und in Eiswasser abschrecken. Gut abtropfen lassen und ausdrücken.

Die Schalotten schälen und in sehr kleine Würfel (etwa 1 mm) schneiden. Den Knoblauch schälen und fein hacken. Die Schalotten in einer Pfanne in wenig Öl bei sehr niedriger Hitze langsam karamellisieren lassen. Nach 10 Minuten den Knoblauch dazugeben und kurz mitbraten. Anschließend die Mischung abkühlen lassen.

Den Spinat, die Schalotten, den Knoblauch und die Gemüsebrühe mit einem Pürierstab oder im Mixer zu einer cremigen Sauce mixen. Falls die Sauce zu dickflüssig ist, mehr Gemüsebrühe dazugeben.

Die Cashewkerne gut abwaschen. Die Schalotte in sehr kleine Würfel (etwa 1 mm) schneiden und in einer Pfanne bei niedriger Hitze mit wenig Öl karamellisieren lassen. Den Knoblauch schälen, hacken und glasig anschwitzen.

Cashewkerne, Schalotte, Knoblauch, Würzhefe und 70 ml Wasser mit einem Pürierstab oder im Mixer zu einem cremigen Püree mixen. Mit Zitronensaft, Salz und Pfeffer abschmecken.

Die Mandeln im Backofen bei 100 °C langsam rösten, dabei häufig wenden. Nach ca. 30 Minuten herausnehmen und abkühlen lassen. Die Mandeln, die Zitronenschale, den Agavendicksaft und Salz in der Küchenmaschine mithilfe der Intervallstufe langsam zu feiner Erde verarbeiten.

Die abgekühlte Rote Bete in ungleichmäßige Stücke schneiden, es soll möglichst natürlich aussehen. Mit einem Spritzer Rosmarinöl marinieren und mit Salz und Pfeffer abschmecken. Den Apfel waschen, Kerngehäuse entfernen und das Fruchtfleisch in ca. 1 mm dünne Scheiben hobeln.

Die Rote Bete auf einem Teller im Kreis anrichten, die Mitte für die Sauce frei lassen. Die Rote Bete mit Mandelerde bestreuen und mit Apfelscheiben, Brunnenkresse und zuletzt Kapuzinerkresseblättern und -blüten garnieren.

Die Spinatsauce in einen Topf geben, erwärmen und langsam Löffel für Löffel die Cashewcreme unterrühren. Die Sauce soll eine cremige Konsistenz haben, aber nicht ihre schöne grüne Farbe verlieren!

Die warme Sauce mit einem Schuss Dill- und Rosmarinöl verfeinern und in die Mitte des Rote-Bete-Kreises gießen. Sofort servieren.

SELLERIE, ZWIEBEL UND PUMPERNICKEL

„Es gibt nichts besseres als frisches Gemüse und ich liebe es, wenn das der Hauptbestandteil eines Ganges ist. Gerade, wenn es Sachen sind, die heimisch und in der Kombination vielleicht nicht überall zu finden sind."

Als Hauptgang für 4 Personen

3 kleine Sellerieknollen
Sonnenblumen- und Olivenöl
6 Zweige Thymian
3 Zweige Rosmarin
200 ml Gemüsebrühe

Pumpernickelchip

100 g Pumpernickel
50 ml Mandelmilch
Salz
Pfeffer

Trockenpflaumenjus

1 Flasche Sherry
1 Flasche Madeira
1 l Gemüsebrühe
schwarze Pfefferkörner
abgeriebene Schale von 1 Orange
100 g Zucker
4–5 Trockenpflaumen

Für die Zwiebeln

3 Schalotten
Pflanzenöl

Zum Anrichten

1 Birne
50 g Sauerampferblätter

Den Sellerie mit einer Bürste und einem kleinen Messer gut putzen, dabei alle kleinen Fasern und Schmutz entfernen. Etwas Sonnenblumen- und Olivenöl in einem Topf mischen und darin die Sellerieknollen scharf anbraten, währenddessen häufig wenden und von allen Seiten goldbraun anrösten.

Die Thymian- und Rosmarinzweige dazugeben. Kurz mitrösten, damit die ätherischen Öle austreten. Mit Gemüsebrühe ablöschen.

Den Topf in den Ofen stellen und die Sellerieknollen 1 Stunde im Ofen bei 160 °C schmoren, bis sie gleichmäßig braun geröstet sind. Die Knollen aus dem Ofen nehmen und abkühlen lassen.

Pumpernickel und Mandelmilch mit einem Pürierstab oder im Mixer zu einem feinen Püree vermischen. Mit Salz und Pfeffer abschmecken.

Die Mischung auf eine Backmatte streichen und im Ofen oder im Dehydrator langsam trocknen. Das kann bis zu 4 Stunden dauern. Anschließend abkühlen lassen und in unregelmäßige Stücke brechen.

Sherry und Madeira in einem Topf schnell zum Kochen bringen und mit einem Streichholz anzünden, so verkocht der Alkohol schneller. Gemüsebrühe, Pfefferkörner, Orangenschale und Zucker dazugeben.

Die Flüssigkeit auf ca. 500 ml reduzieren. Dann die Trockenpflaumen dazugeben und bei niedriger Hitze mitgaren.

Die Schalotten längs halbieren und vorsichtig schälen, sodass die Wurzel intakt bleibt.

Eine Pfanne bei hoher Hitze erhitzen. Einen Spritzer Pflanzenöl dazugeben. Dann die Zwiebeln mit der Schnittfläche nach unten in die Pfanne legen und goldbraun anbraten. Beiseite stellen und abkühlen lassen. Wenn die Schalotten kalt sind, die Wurzeln wegschneiden und die einzelnen Segmente trennen.

Die Birne waschen, Kerngehäuse entfernen und das Fruchtfleisch in dünne Scheiben hobeln. Die Sauerampferblätter waschen und von den Stielen schneiden.

Den Sellerie in grobe Stücke schneiden und mit den Schalottensegmenten in einer Pfanne in einem Schuss Olivenöl leicht anbraten. Herausnehmen, kurz auf einem Tuch abtropfen lassen und auf einem Teller anrichten. Den Trockenpflaumenjus erhitzen und über den Teller verteilen.

Mit Pumpernickelchips, Birnenscheiben, Sauerampferstielen und -blättern garnieren. Die Zutaten sollten sehr natürlich angerichtet werden.

PASTINAKEN-
MILCHREIS

Als Dessert für 4 Personen

1 l Mandelmilch, auf 500 ml eingekocht
4 Pastinaken
Agavendicksaft zum Süßen
gemahlener Zimt, nach Belieben
1 Apfel
Kapuzinerkresse

Die Pastinaken schälen, längs halbieren, dann die Hälften nochmal längs durchschneiden. Den Strunk entfernen, den Rest in walnussgroße Stücke schneiden. In der Küchenmaschine im Intervallmodus zu einer reisartigen Masse zerkleinern. Sie sollte nicht zu grob, aber auch nicht zu fein sein, sonst wird der Milchreis matschig.

Den Pastinakenreis in der Mandelmilch kochen, bis die Pastinaken weich sind. Mit Agavendicksaft süßen und nach Belieben mit Zimt bestreuen.

Den Apfel waschen, hobeln und über dem Pastinakenmilchreis verteilen.

Mit Kapuzinerkresse garnieren.

ADAM, CARINA & JOSHUA
Candelaria

Paris, Le Marais. Ein warmer Sommerschauer regnet auf uns herab, während wir auf ein neon-pinkes Leuchtschild blicken, das uns Tacos verspricht. In dem winzigen Laden: ein Zweimann-Tisch am Eingang, fünf Hocker am Tresen, die Wände fast kahl, irgendwas brutzelt und es riecht köstlich. Wir wissen, es gibt hier mehr, doch wo? Fast unsichtbar nickt uns jemand hinter dem Tresen zu und zeigt auf eine schmale, unscheinbare Türe. Kaum hindurchgegangen, hören wir Gelächter und Eiswürfel in Cocktailshakern klappern. Wir befinden uns in einem gemütlichen, dunklen Raum mit abgehängter Decke, Natursteinwänden, indirekter warmer Beleuchtung und bunt gemusterten Sesseln. Candelaria.

Am nächsten Morgen blinzeln uns die drei Freunde und Geschäftspartner Joshua Fontaine, Carina und Adam Tsou mit schläfrigem Blick an. Keiner von ihnen kam vor vier Uhr früh ins Bett – das Leben eines Barkeepers. Die Wohnung, in der Joshua mit seiner Freundin lebt, ist winzig, dabei aber so hübsch und mit so viel Liebe und Persönlichkeit eingerichtet, dass wir, ohne mit der Wimper zu zucken, einziehen würden – wenn man uns fragen würde (was aber leider keiner tat).

Kulinarische Erfahrungen haben sie alle drei zur Genüge: Adams Eltern führten ein Chinarestaurant in Connecticut, auch Carina kam durch ihre Familie früh mit dem Gastronomiegewerbe in Kontakt und Joshua jobbte sich seit seiner Teenagerjahre durch die unterschiedlichsten Küchen und Bars von New York und Paris. Doch erst als Carina, Joshua und Adam im „L'Experimental Cocktail Club" in Paris aufeinandertrafen, ebnete sich für das Dreigestirn ein Weg in die gastronomische Selbstständigkeit. Denn eigentlich arbeitete Adam jahrelang in der New Yorker Finanzbranche, bis er dort die Zelte abbrach, um in Paris kochen zu lernen. Joshua kam für seinen Master der „International Relations" in die französische Hauptstadt und Carina brachte ihr Soziologiestudium hierher.

„Wir haben das Lokal für Candelaria zufällig gefunden, als wir mit unseren Fahrrädern vorbeifuhren, und verliebten uns sofort in die Gegend", erzählt uns Joshua. „Die Idee war, amerikanisches und mexikanisches Essen zusammenzubringen. Das war etwas, was uns in Paris gefehlt hat. Auch an der Bar wollten wir dem Thema treu bleiben und deshalb bieten wir hauptsächlich Cocktails auf Tequilabasis an. Am Anfang war es hier schwer an einige Zutaten zu kommen, aber wir wollten es so authentisch wie möglich."

Während die gebürtige Kolumbianerin ihren Cocktailshaker schwingt, erklärt sie uns das Konzept der Bar: „Alles ist eher intim, sehr warm und gemütlich. Du sollst dich gut fühlen, wenn du hereinkommst, einfach willkommen!" Außerdem – und für Pariser Cocktailbars ungewöhnlich – gibt es neben Cocktails auch gute Weine und eben gutes Essen. „Nach kurzer Zeit lief Candelaria von alleine und wir wollten ein zweites Lokal eröffnen", erzählt uns Adam schmunzelnd und so entstand das Glass: Eine Bar im Pariser Rotlichtviertel – voller Energie, zum Tanzen, und wieder mit dem Fokus auf einer nicht vergleichbaren Qualität der Drinks. Während das Glass im Pigalle eher maskulin anmutet, empfängt einen das dritte und erst kürzlich im Le Marais eröffnete Lokal Le Mary Celeste mit bodentiefen, offenen Glastüren. „Le Mary Celeste war lange vor Glass in unseren Köpfen. Es ist das Resultat einer Idee, die uns angezogen hat und die lange Zeit in uns gereift ist. Wir mögen warme und offene Orte, und einen solchen haben wir hier verwirklicht."

Und während die Pariser Sonne leuchtende Reflexe auf den Holzdielenboden malt, können wir nicht anders, als uns von der Lebenserfahrung und Geschäftstüchtigkeit, die das junge Trio ausstrahlt, beeindrucken zu lassen. Was die Motivation sei für all die Arbeit? „Klar kannst du einfach ein Restaurant eröffnen und den Leuten Essen servieren. Aber wir finden, du solltest auch immer etwas von deinen eigenen Erfahrungen in deinen Laden einbringen. Wir hoffen, dass Leute zu uns kommen und das Essen sich unwiederbringlich mit der Zeit und dem Ort verbindet. Dass die Leute sagen: ‚Ach, als ich damals in Paris war, habe ich dort in diesem Restaurant so toll gegessen. Es war unvergesslich!'"

WAS SIND EURE LIEBLINGSGERICHTE? *Carina:* Ich glaube eines haben Lieblingsgerichte gemeinsam: Sie transportieren dich zu deiner Familie oder zu dem, womit du aufgewachsen bist. Ich komme aus Kolumbien und bei mir sind es Ricebeans und Kochbananen. *Adam:* Bei mir ist es definitiv scharfes chinesisches Essen. *Joshua:* Ja, und gutes mexikanisches Essen.

WAS WAR DAS BESTE ESSEN, DAS DU JEMALS HATTEST? *Carina:* Etwas, was ich noch auf meiner Zunge schmecke, hatten wir, als wir in Mexiko einen Ort besucht haben, wo Mezcal destilliert wird. Da gab es Hähnchen Blackmole mit frischen Tortillas! Dafür nimmt man Bitterkakao und Chilis. Dazu einen Mezcal. Das war schon toll! *Adam:* Ich kann mich an kein spezielles Essen erinnern, aber es sind Essen zu einem bestimmten Zeitpunkt, an einem bestimmten Ort und einer bestimmten Stimmung und den dazu passenden Personen. Diese fünf Punkte müssen immer stimmen!

WAS BRAUCHT EIN PERFEKTES ESSEN? *Adam:* Perfekt ist es, wenn das Essen eine Diskussion oder eine Unterhaltung anregt. *Carina:* Es ist nicht nur der Ort. Zwar spielt die Umgebung eine große Rolle, aber die Leute sind wichtiger. Wir hatten z. B. hervorragendes Essen bei Leuten, die nur einfache Plastikstühle in einem schlichten Ambiente hatten.

RINDERTATAR

Für 1 Person

100 g Rindfleisch

Zitronensaft

Olivenöl

Salz

1 TL Kapern, fein gehackt

1 EL eingelegte Rote Bete, gehackt (gekochte Rote Bete in einer Marinade aus 1 Teil Wasser, 1 Teil Zucker und 1 Teil Essig eingelegt)

1 TL Schalotte, fein gehackt

Mayonnaise

10 kleine Stückchen Dillkraut

Das Fleisch in sehr feine Würfel schneiden. Mit etwas Zitronensaft, Olivenöl und Salz würzen und auf einem Teller anrichten. Kapern, Rote Bete und Schalotte darauf verteilen. Das Tatar vor dem Servieren mit 6–7 Tupfer Mayonnaise und Dillkraut garnieren.

CHICORÉE-TAMARINDEN-SALAT

Für 1 Person

1 Chicorée

1 TL frittierte Schalotten

¼ frische Schalotte, in dünne Scheiben geschnitten

etwas frisches Korianderkraut

etwas frische Minze

15 g Palmzucker

30 g Tamarindenpüree

30 ml helle Sojasauce

15 g gerösteter Sesam

Den Chicorée putzen, den Strunk herausschneiden und die Blätter trennen. Schalotten, Kräuter, Palmzucker, Tamarindenpüree und Sojasauce zu einem Dressing aufschlagen. Dann den Sesam unterrühren.

Den Chicorée anrichten und mit dem Dressing übergießen. Vorsichtig dosieren, denn das Dressing ist sehr intensiv.

GUACAMOLE À LA CANDELARIA

Für 2 – 3 Portionen

1 rote Zwiebel, fein gewürfelt

Jalapeños (mexikanische Chilischoten), gewürfelt

Korianderkraut, gehackt

1 Prise Salz

2 reife Hass-Avocados

1 reife Tomate, ohne Kerne und fein gewürfelt

frisch gepresster Limettensaft, nach Belieben

Jeweils 1 – 2 Esslöffel rote Zwiebeln, Jalapeños und Koriander mit Salz im Mörser zu einer feinen Paste zerstoßen. Die Avocados halbieren, schälen und das Fruchtfleisch würfeln. Dazu jede Hälfte längs dritteln, dann quer vierteln. Die Avocado mit den Tomatenwürfeln mischen. Die Zwiebelmischung, etwas Limettensaft und nach Belieben mehr Salz, Zwiebeln und/oder Koriander vorsichtig unterheben, bis sich die Aromen gut verbunden haben. Die Avocado sollte stückig bleiben, es darf kein Mus entstehen.

Mit frischen Tortilla-Chips servieren.

LA GRINGA

Für 1 Drink

30 ml Tequila Reposado (z. B. von Calle 23)
20 ml Mezcal (Agavenschnaps, z. B. Mezcal Del Maguey Vida)
15 ml Triple Sec (z. B. von Combier)
10 ml Orgeatsirup (Mandelsirup)
10 ml Zuckersirup
20 ml frischer Limettensaft
3 Spritzer Peychaud's Bitters (Bitterlikör)
Limettenscheibe zum Garnieren

Alle Zutaten in einen Shaker geben, mit Eis auffüllen, kräftig schütteln und über frischen Eiswürfeln abseihen. Mit einer Limettenscheibe garnieren.

Essen ist eine sehr persönliche Sache und immer mit den Personen verbunden, die kochen oder mit denen man das Essen teilt.

Wenn du an einem interessanten Ort arbeitest und siehst, was alles so dazugehört, dann interessierst du dich mehr für die Dinge dahinter. Es ist interessant, wie der Geschmack dadurch beeinflusst wird.

NADIA & MERIJN
Arabia

Nachdem wir die extrem steile Treppe zu einer kleinen Amsterdamer Altbauwohnung erklommen haben, tauchen wir ein in die sprichwörtliche arabische Gastfreundschaft. Wir werden von Nadia und Merijn ausgesprochen warm und herzlich begrüßt. Die Fröhlichkeit der beiden quirligen Frauen ist direkt ansteckend, als wir es uns am langen Esstisch bequem machen. Es gibt Rosenwassertee, getrocknete Feigen und ein besonders köstliches, neu entdecktes Tajinegericht. Das soll Kraft geben. „Tajine ist eine unserer vielen kleinen Laster", erzählen die beiden schmunzelnd. Die Liebe zum arabischen Lebensgefühl spüren wir auch in Merijns Wohnung: Um uns herum stapeln sich Bücher, orientalisches Geschirr und Yogakissen. Es gibt eine mit bunten Stoffen bezogene Camiere, auf dem Balkon baumelt eine Hängematte, von der aus man das Treiben im Hinterhof beobachten kann und in dem winzigen Bad hängt eine Tafel zum Lernen arabischer Schriftzeichen.

Die beiden haben sich bei der Arbeit in einer Werbeagentur angefreundet. Nadia, deren Eltern zwar aus Marokko stammen, die aber in Holland aufgewachsen ist, und die gebürtige Holländerin Merijn haben schnell ihre gemeinsame Liebe zur arabischen Küche entdeckt. „Das Essen ist so farbenfroh und intensiv an Geschmack und Gerüchen." Doch nicht nur das Essen hat es ihnen angetan, sondern die gesamte Kultur und so begannen sie, in den Orient zu reisen. Sie lassen sich von den dort lebenden Menschen ihre Gerichte zeigen, die sie in nun bereits drei Kochbüchern veröffentlicht haben. „Essen ist sehr kommunikativ, selbst wenn man auf Gegensätze trifft", so fassen sie ihre Motivation zusammen.

Zwischen Nadia und Merijn herrscht eine Verbindung, die so stark ist, dass man sie fast sehen kann. Die eine beendet nicht nur die Sätze der anderen, sondern sie ergänzen auch gegenseitig ihre Rezepte. „Wir haben eine grobe Idee von dem, was wir heute kochen wollen: Ein Gemüsegericht und ein netter Dipp. Im Arabischen gibt es keine vorgegebene Menüfolge, man kann alles zusammen essen. Lasst uns einfach sehen, was wir im Laden finden!", schlägt Merijn vor. „Wenn wir improvisieren, entstehen eh die wundervollsten Gerichte. Das ist ja gerade das, was wir so lieben und das versuchen wir auch zu vermitteln", ergänzt Nadia die Worte ihrer Freundin. „Wir wollen niemanden belehren oder zeigen, wie man ein Rezept befolgen soll. Wir sagen immer: Leute, kochen ist einfach kochen, es ist pragmatisch. Wenn du keine Petersilie hast, nimm etwas anderes. Wenn du etwas nicht magst, dann lass es weg. Wenn dieses Gemüse gerade nicht Saison hat, tausche es aus. Es geht um Geschmack! Ich denke, das ist unsere wichtigste Botschaft!"

Also machen wir uns auf den Weg durch die Straßen des quirligen Amsterdamer Stadtteils Pipe, um die Zutaten zu besorgen. Auch im Laden herrscht Einigkeit zwischen den beiden Frauen: Sie diskutieren, halten sich gegenseitig Gemüse unter die Nase und entscheiden dann gemeinsam, was auf den Tisch kommt. Noch ein kurzer Plausch mit dem marokkanischen Gemüsehändler und wir machen uns auf den Rückweg, denn „jetzt müssen wir langsam loslegen, wir haben einen Riesenhunger!"

Die Küche ist mit ihren geschätzten knapp zwei Quadratmetern unglaublich klein und wir beobachten sprachlos, wie selbstverständlich und ohne große Worte sich die beiden aneinander vorbeischieben, sich die Lebensmittel reichen und gegenseitig ihre Handgriffe ergänzen. „Wie schon gesagt, wir sind ganz undogmatisch. Es gibt nur eine Regel: Nimm viel! Von allem! Viele Gewürze, viele Kräuter, viele Zwiebeln und viel Zitronensaft", meint Nadia, während sie die Auberginen auf die offene Gasflamme legt. „Viele beginnen zu kochen, indem sie ein klein wenig Zwiebeln in ein kleines bisschen Öl tun. Wir nehmen eine große Menge Zwiebeln und viel Öl. Das ist doch schon ein super Anfang! So hat man bessere Chancen, dass das Gericht gut wird. Wenn du mit wenig anfängst, musst du dich viel mehr anstrengen. Am Ende schmeckt man bei uns die Menge gar nicht, es ist eher so, dass es sehr intensiv schmeckt." Und mit dem Duft von gerösteten Auberginen in der Luft fügt sie lachend hinzu: „Bei allem ist weniger mehr. Nur nicht beim Essen! Selbst mein Babysitter nennt mich Mrs. Lemon!"

Immer wieder schwärmen die Freundinnen von der Offenheit und Fröhlichkeit der arabischen Kultur. Die Gerichte sind von den warmen Begegnungen auf ihren Reisen geprägt, das können wir am eigenen Leib erfahren. Was die beiden so spontan und voller Liebe zubereitet haben, schmeckt nicht nur außergewöhnlich, sondern auch noch außergewöhnlich gut.

WAS SIND EURE LIEBLINGSZUTATEN? *Beide:* Kichererbsen, Anis, Tajine, Zitrone, Petersilie, Mandeln, Brot und Olivenöl.

WAS WAR EUER BESTES ESSEN, DAS IHR JE HATTET? *Nadia:* Frisches Brot, Feigen und Minztee. *Merijn:* Wenn du mir eine Freude machen möchtest, gib mir Humus.

WAS WAR EURE LETZTE GESCHMACKS-ÜBERRASCHUNG? *Nadia:* Ein koreanisches Rezept von David Chang: Birne mit Misopaste. *Merijn:* Eine neue Frucht, die wie ein Rosenapfel aussah.

DIE BESTE KOMBINATION VON GESCHMÄCKERN? *Nadia:* Brot und Olivenöl. *Merijn:* Kichererbsen, Tajine und Petersilie.

HABT IHR LIEBLINGSGEWÜRZE? *Nadia:* Anis, Kreuzkümmel, Safran, Zimt, Koriandersamen und Za'atar.

WAS SIND EURE PLÄNE FÜR DIE ZUKUNFT? *Nadia:* Mehr Bücher machen. Ich hoffe, ich kann das, was ich gerade tue, solange weitermachen, bis ich sterbe. *Merijn:* Ich arbeite an einem kleinen Hotelprojekt im Libanon.

WAS MACHT EUCH GLÜCKLICH? *Nadia:* Das Leben. *Merijn:* Essen und die Welt mittels Essen zu erkunden.

FREEKEH-SALAT MIT TOMATENKERNEN, GRANATAPFEL, MANDELN UND ZA'ATAR

Für 4–6 Personen

300 g Freekeh (gerösteter grüner Weizen, Spezialität aus dem Nahen Osten)

3 große reife Tomaten

Olivenöl

150 g Mandeln

1 großes Bund frische Za'atar-Blätter (arabisches Gewürzkraut) oder 1 großes Bund frischer Oregano

1 großer Granatapfel

Zitronensaft

Salz

Das Freekeh in reichlich Wasser 15 Minuten kochen, bis es weich ist, die Körner sollten aber noch Biss haben. Abtropfen lassen und zum Abkühlen ausbreiten.

Von den Tomaten den Strunk herausschneiden. Den gesamten Saft samt Samen auf das Freekeh pressen. Den Rest der Tomaten möglichst fein schneiden und unter das Freekeh mischen.

Eine große Pfanne mit etwas Öl erhitzen und die Mandeln darin goldbraun braten. Etwas abkühlen lassen, dann grob hacken.

Das Za'atar oder den Oregano waschen und die Blättchen abzupfen. Die Krone des Granatapfels abschneiden und die Frucht mit beiden Daumen auseinanderbrechen. Mit einem Löffel auf die Schalenhälften klopfen und so die Kerne herauslösen. Die weißen Fasern entfernen.

Die Mandeln, Granatapfelkerne und Za'atar oder Oregano unter das Freekeh mischen. Mit Olivenöl, Zitronensaft und Salz abschmecken.

MOUTABAL MIT FRÜHLINGSZWIEBELN UND GRANATAPFELKERNEN

Für 4–6 Personen

3 Auberginen

20 ml (1–2 EL) weiße Tahina (Paste aus geschältem Sesam)

cremiger türkischer Joghurt

Zitronensaft

Salz

½ Bund Frühlingszwiebeln

Granatapfelkerne

fruchtiges Olivenöl

Die Auberginen direkt in den Flammen eines Gasherds rösten. Wenn Sie keinen Gasherd haben, im Backofen rösten, das gibt allerdings weniger Raucharoma. Die Auberginen rösten, bis die Haut schwarz ist und das Fruchtfleisch weich. Etwas abkühlen lassen, aufschneiden und mit einem Löffel das weiße Fleisch herausschaben. Wenn nötig, schwarze Stellen entfernen.

Die Auberginen mit der Tahina und etwas Joghurt (für einen milderen Geschmack) zerdrücken. Mit Zitronensaft und Salz würzen. Die Zwiebeln putzen, sehr fein schneiden und dazugeben.

Das Moutabal in eine große Schale füllen, mit Granatapfelkernen bestreuen und mit Olivenöl beträufeln. Dazu Brot zum Dippen servieren.

FENCHEL-BLUMENKOHL-SALAT MIT KAPERN UND FRÜHLINGSZWIEBELN

Für 4–6 Personen

2 Fenchelknollen

1 kleiner Blumenkohl

6 Knoblauchzehen

Olivenöl

Salz

Pfeffer

1 Bund Frühlingszwiebeln

4 EL gesalzene Kapern

Den Fenchel und den Blumenkohl putzen und beides in dünne Scheiben schneiden. Den Knoblauch schälen und zerdrücken.

Etwas Öl in einer Pfanne erhitzen und das Gemüse und den Knoblauch in 2–3 Portionen goldbraun braten. Mit etwas Salz und Pfeffer abschmecken.

Die Frühlingszwiebeln putzen und schneiden. Das warme Gemüse mit den Frühlingszwiebeln mischen, großzügig Olivenöl dazugeben und alles auf einem großen Teller anrichten. Mit Kapern bestreuen und mit etwas Za'atar, Olivenöl und frischem Fladenbrot lauwarm servieren.

Zu unseren Gerichten servieren wir immer gerne etwas „Za'atar". Das ist eine getrocknete Gewürzmischung aus dem Mittleren Osten, die aus wildem Thymian, Sesamkörnern und Sumak besteht. Zusammen mit „Dukkah", einer Mischung aus gerösteten und gemahlenen Kichererbsen, unterschiedlichen Gewürzen und Nüssen, wird es mit Olivenöl und frischem Fladenbrot gereicht. Ganz besonders köstlich sind auch die „Makdous": Kleine, eingelegte, mit Walnüssen und Paprikapasta gefüllte Auberginen.

Bei allem ist weniger mehr.
Nur nicht beim Essen!
Selbst mein Babysitter nennt
mich Mrs. Lemon.

Kochen ist etwas Pragmatisches und
keine präzise Wissenschaft.

SERVICE

ANNA LAI, TOBIAS BÜRGER
Big Stuff Smoked BBQ
www.bigstuff.de

Markthalle Neun
Eisenbahnstraße 42/43
10997 Berlin

Mehr
Saucen-Manufaktur Eckart
www.sossen-eckart.de

Sironi – Il Pane di Milano
www.facebook.com/sironi.de

FLOOR VAN DINTEREN
Floorabella, bereid met Liefde ...
www.floorabella.com

Buffet, table d'hôte, picknick
Cortenbachstraat 12
5421 KJ Gemert

FLORIAN KLIEM
www.kantine-neun.de

Kantine Neun
Markthalle Neun
Eisenbahnstraße 42/43
10997 Berlin

Mehr
Regionalprojekt Zweinutzungshuhn
www.aktion-ei-care.de

Wilde Gärtnerei
wildegartnerei.blogspot.de

FRANCESCA SARTI, SILVIA ALLORI
Arabeschi di Latte
www.arabeschidilatte.org
@arabesche

HANNAH SCHMITZ
www.hannahschmitz.de
www.hannahskueche.de

JOSHUA FONTAINE, ADAM TSOU, CARINA TSOU
Candelaria
www.candelariaparis.com
52 Rue de Saintonge
75003 Paris

Glass
www.glassparis.com
7 Rue Frochot
75009 Paris

Le Mary Celeste
www.lemaryceleste.com
1 Rue Commines
75003 Paris

JÜRGEN LIEBERKNECHT
info@speiseeishersteller.net
Lieberknecht@web.de

KATHRIN KOSCHITZKI
www.photisserie.com
www.kathreinerle.de

KAVITA MEELU
Mother's Mother
www.mothersmother.com

www.facebook.com/mothersmother
www.facebook.com/streetfoodthursday
www.facebook.com/imbissrepublik

ACHILLE ALESSANDRO FARESE
LIMONE®
www.limone-plauamsee.de
Somewhere®
www.lostudio.de

ASH LEE
www.facebook.com/chifanberlin

DANIEL OKINE
okine6@yahoo.co.uk

KORAL ELCI
Kitchen Guerilla
www.kitchenguerilla.com

blog.kitchenguerilla.com
www.facebook.com/kitchenguerilla
www.youtube.com/kitchenguerilla
www.instagram.com/kitchenguerilla
@kitchenguerilla

LAUREN LEE
Fräulein Kimchi kocht
www.fraeuleinkimchi.com

LISA ERICSON
www.parlanskonfektyr.se

Pärlans Konfektyr
Nytorgsgatan 38
116 40 Stockholm

Buch
Pärlans Konfektyr – Kolor, jazz och bakverk
(Natura & Kultur, 2012)

MARIJE VOGELZANG
www.marijevogelzang.nl
@marijevogelzang

Bücher
Eat Love: Food Concepts by Eating-Designer
Marije Vogelzang (Bis Publishers, 2009)
Broodtrommelboek (Snor Publishers, 2009)

MARJAN IPPEL
www.talkinfood.nl
@talkinfood

Bücher
The foodtrend yearbooks: What (not) to eat
(Talkin' Food, 2010/2011)
Mijn Amsterdam: mit Sternekoch Ron Blaauw (Bertram + De Leeuw, 2013)
Foodlingo Bijbel (Talkin' Food, 2014)

MERIJN TOL, NADIA ZEROUALI
Arabia Café
www.nadiaenmerijn.nl
@nadiaenmerijn1

Bücher
Under the Shade of Olive Trees
(Stewart Tabori & Chang, 2014)
Arabia bij je thuis (Kosmos Uitgevers, 2012)
Arabia (Kosmos Uitgevers, 2008)
Bismilla Arabia (Kosmos Uitgevers, 2010)

MIA KULLA, LEANDRO SANTOS
www.stolen.it
www.facebook.com/stolencatering

PATRICK JANOUD
www.gratitude-restaurant.de

Gratitude Restaurant
Türkenstraße 55
80799 München

PER SCHUMANN, MALTE ZACHARIAS
www.mobile-kitchen-cart.net

Galerie Entwurf-Direkt
Eulenstraße 81
22763 Hamburg
www.entwurf-direkt.de

PIERRE LEJEUNE
www.prinzessinnengarten.net
Moritzplatz / Prinzessinnenstraße 15
10969 Berlin

Mehr
www.naturweinberlin.com

SAM BOMPAS, HARRY PARR
Bompas & Parr
www.bompasandparr.com
@BompasandParr

Unit D
Friar's Court
Rushworth Street
SE1 0RB

Bücher
Tutti Frutti with Bompas & Parr
(Bompas & Parr Editions, 2013)
Feasting with Bompas & Parr
(Anova Books, 2012)
Jelly with Bompas & Parr
(Anova Pavilion, 2010)

STEVAN PAUL
www.nutriculinary.com
@nutriculinary

Bücher (Auszug)
Deutschland Vegetarisch
(Katharina Seiser (Hrsg.), Brandstätter, 2013)
Schlaraffenland: Ein Buch über die tröstliche Wirkung von warmem Milchreis, die Kunst ein Linsengericht zu kochen …
(mairisch verlag, 2012)
Monsieur, der Hummer und ich: Erzählungen vom Kochen (mairisch Verlag, 2009)

TERESA SIEBEIN
www.resileckerbaguette.de

TORSTEN GOFFIN
allemanfang.tumblr.com
@marqueee

Buch
111 mal lecker essen in Köln
– Der andere Restaurantführer

Mehr
Freigeist Bierkultur
– Abraxas Lichtenhainer Weisse

UYEN LUU
www.leluu.com
@loveleluu

Buch
My Vietnamese Kitchen
(Ryland Peters & Small, 2013)

VIJAY SAPRE
Effilee – Magazin für Essen und Leben
www.effilee.de

Hospitalstraße 92
22767 Hamburg

REGISTER

AUTOREN

***CHARLOTTE SCHREIBER**, *1986, STUDIERTE FOTOGRAFIE, LEBT UND ARBEITET ZURZEIT IN HAMBURG, OBWOHL SIE IHR HERZ EIGENTLICH AN NEW YORK CITY VERLOREN HAT, UND GEHT NIE OHNE EINE KAMERA AUS DEM HAUS. SIE KANN OHNE DEN GERUCH VON FRISCH GEBACKENEM WALNUSSBROT, DEN GESCHMACK EINES EISGEKÜHLTEN NEGRONIS UND DAS GERÄUSCH IHRER PENTAX 67 NICHT MEHR LEBEN.*

***YVONNE NIEWERTH**, *1979, STUDIERTE KOMMUNIKATIONSDESIGN IN DÜSSELDORF, WO SIE SEIT IHREM ABSCHLUSS MIT IHRER KLEINEN FAMILIE LEBT UND SELBSTSTÄNDIG ALS DESIGNERIN ARBEITET. SIE HAT EIN FAIBLE FÜR GUTE BÜCHER UND DIE SCHÖNHEIT EINFACHER DINGE. DAS BEISSEN IN SAURE ZITRONEN MACHT SIE MINDESTENS GENAUSO GLÜCKLICH WIE DAS GERÄUSCH VON BLUBBERNDEM NUDELWASSER.*

DANKSAGUNG

Dass mit viel Liebe dieses Buch entstehen konnte, haben wir hauptsächlich unseren Porträtierten zu verdanken, die ohne zu zögern weder Kosten noch Mühen scheuten und uns mit einer ansteckenden Begeisterung erlaubt haben, ihre Geschichten zu erzählen: DANKE!

Wir danken auch all jenen, die uns von Anfang an durch dieses Projekt begleitet haben: Ganz besonders Oliver Haveloh für seine treue Hilfe sowie Florian Herlings für seinen unschlagbaren Optimismus.

Lisa Hörmann, Gaby Niewerth, Henning Ross und Silke Sänger – vielen Dank für eure Mühen, Ratschläge, die offenen Ohren und flinken Augen, die uns durch die intensive Zeit geholfen haben.

Wir danken außerdem allen, die uns beherbergten, das Baby ausführten, die bei einem Glas Wein – oder Wasser – unser Durchhaltevermögen stärkten und ohne deren Mitarbeit wir nicht so weit gekommen wären: Katherina Amprazi, Sebastian Borggrewe, Surdham Göb, Eric Hamilton, Rosi und Wolfgang Haveloh, Stefan Keilmann, Anna Meyer, Kerstin Müller, Christoph und Merle Papenfuß, Tina-Isabel Schmidt, Teresa Siebein und Margareta Wolf.

Auch einander möchten wir danken: für eine aufregende Reise, das Ergreifen von Chancen und den Beginn einer vertrauensvollen Freundschaft.

Streitfeldstraße 35, 81673 München

www.callwey.de

buch@callwey.de

Bibliografische Information der Deutschen Nationalbibliothek:

Die Deutsche Nationalbibliothek verzeichnet diese Publikation in der Deutschen Nationalbibliografie; detaillierte bibliografische Daten sind im Internet über http://dnb.d-nb.de abrufbar.

ISBN 978-3-7667-2070-2

Projektleitung Sabrina Kuchlbauer

Lektorat Marion Höß für bookwise medienproduktion gmbh, München

Fotografie Charlotte Schreiber, Hamburg

Umschlaggestaltung, Layout und Satz Yvonne Niewerth, Düsseldorf

Druck und Bindung Stürtz GmbH, Würzburg

Printed in Germany